EL CREACIONISMO

EL CREACIONISMO

Poemas y manifiestos

de

VICENTE HUIDOBRO

Traducido al inglés por Jonathan Simkins

☾

UNA EDICIÓN BILINGÜE

EL CREACIONISMO

Poems & Manifestos

by
VICENTE HUIDOBRO

Translated by Jonathan Simkins

☾

A BILINGUAL EDITION

Translation © 2022 by Jonathan Simkins
Foreword © 2022 by Leo Lobos

All rights reserved

El Creacionismo: Poems & Manifestos
by Vicente Huidobro [1893-1948]

ISBN 978-1-7328741-4-5

Library of Congress Control Number: 2021952526

Cover design by Indigo Deany
Cover photo by Laura Vinck

The Lune
Fort Collins, CO
www.poetsonearth.com

For R.A.S.
(1952–1989)

ÍNDICE

Prólogo

Ahora que mis ojos vuelan entre planetas ajenos‡	5
Comaruru†	9
Vagabundo†	15
Atmósferas sin retorno†	17
Canción del huevo y del infinito*	21
Puede venir†	27
El célebre océano*	31
Aire naval*	35
La raíz de la voz†	39
Imposible†	43
Éramos los elegidos del sol‡	47
Dominio†	49
Generación espontánea*	51
La mano del instante‡	53
Transfiguración†	55
Boca de corazón†	59
Coronación de la muerte‡	65
La poesía es un atentado celeste‡	69
Ser y estar*	71
Voz preferida‡	73
Es un decir*	75
Año Nuevo*	77
Apagado en síntesis*	81
Vocación de altura†	85
Camino inútil†	87
Realidad creciente†	89
Esta cabeza paseando por el mundo*	93
Reposo†	95
Más allá y más acá*	99
Un rincón olvidado†	101
De vida en vida†	105
Más allá†	109
Altura propia†	111
Exterior‡	113
Irreparable, nada es irreparable†	117
Non serviam§	121
El creacionismo§	125

* *Ver y palpar* (1923-33)   † *El ciudadano del olvido* (1941)   § *Manifiestos* (1945)   ‡ *Últimos poemas* (1948)

CONTENTS

Foreword

Now That My Eyes Fly On Other Planets‡	6
Comaruru†	10
Vagabond†	16
Atmospheres Without Return†	18
Song of the Egg and the Infinite*	22
Let It Come†	28
Celebrity Ocean*	32
Nautical Air*	36
The Root of the Voice†	40
Impossible†	44
We Were the Sun's Elect‡	48
Domain†	50
Spontaneous Generation*	52
Hand of the Moment‡	54
Transfiguration†	56
Heart Mouth†	60
Coronation of Death‡	66
Poetry Is A Celestial Crime‡	70
Being and Existing*	72
Favorite Voice‡	74
It's A Proverb*	76
New Year*	78
Deactivated in Synthesis*	82
Higher Calling†	86
Useless Path†	88
Reality in Bloom†	90
This Head Passing By The World*	94
Repose†	96
Beyond and Closer*	100
Forgotten Corner†	102
On Vigor Within†	106
Beyond†	110
Proper Height†	112
Exterior‡	114
Irreparable, Nothing Is Irreparable†	118
Non Serviam§	122
Creationism§	126

* *To See and Feel* (1923-33) † *The Citizen of Oblivion* (1941) ‡ *Last Poems* (1948) § Manifestos (1945)

PRÓLOGO

Con toda la fuerza de sus pulmones, un eco
traductor y optimista repite en las lejanías

La poesía de Vicente Huidobro (Chile, 1893-1948) es una búsqueda, un acontecimiento inesperado, un ángel encarnado que aparece sin más en medio del camino, un accidente, un riesgo, una contingencia necesaria y vital cuando estamos entrando en una era extraña, el siglo XXI, qué pondrá a prueba el alma humana de maneras inéditas. Crear, recrear, velar, vigilar, cuidar a la poesía, seguir sigilosamente su dictado, de cerca, fielmente, sin traición, una traducción improbable pero intensamente soñada: "el nombre de la estrella que se irá inflando con mi voz".

Quien escribe un poema lo escribe sobre todo porque la escritura de versos es un extraordinario acelerador de la conciencia, del pensamiento, de la comprensión del universo. Quien escribe un poema escribe porque la lengua le inspira—cuando no le dicta—el siguiente verso. Esperas, como poeta, copiar bien aquel dictado de lo otro, de la poesía, del poema, confías en su consigna y en aquello que te exige. Abandonado, totalmente entregado, descubres su morada.

De este modo, la poesía se personifica en el poeta, y lo convierte en su vehículo, la corporalidad, donde se repliega y se va haciendo, solo e independiente, bajo la mecánica del dictado, más allá de nosotros, que el poeta reproduce, de la manera más fiel e impecable que le sea posible. El poeta, entregado al exterior, libre, en constante riesgo, temerario, expuesto al peligro de la flecha silábica, lingüística y vulnerable: "Sólo sabemos que la palabra / Vino rasgando el espacio con sus tijeras".

La diversidad de las lenguas, lejos de ser un castigo como supone el mito de La Torre de Babel, está presente para que podamos vivir la

FOREWORD

With all the strength of its lungs, a hopeful
and reciprocating echo repeats in the distance

The poetry of Vicente Huidobro (Chile, 1893-1948) is a quest, an unexpected development, a flesh and blood angel that manifests in the middle of the road, an accident, a danger, a vital and necessary contingency as we begin to navigate a strange era, the 21st century, which will put the human spirit to the test in unprecedented ways. To create, to recreate, to hold vigil over, to nurture poetry, to follow its dictation quietly, closely, faithfully, to an improbable but vividly dreamed translation: "the name of the star filling with my voice."

One who writes a poem writes because, above all else, the creation of verses is a prodigious accelerator of human consciousness, of thought, of the comprehension of the universe. One who writes a poem writes because the language itself gives rise to the dictates of the ensuing verse. You hope, as a poet, to adeptly transcribe that dictation of the other, of the poetry, of the poem, and you trust its decrees and what it demands of you. Abandoned, utterly surrendered, you discover its dwelling.

In this fashion, poetry is personified in the poet, and in its vehicle of corporality, it retreats and becomes, solitary and sovereign, what comes from beyond, which the poet reproduces with as much fidelity and precision as possible. The poet, unsealed to the external, free, under constant threat, foolhardy, exposed and vulnerable to the syllabic, linguistic arrow: "All we know is that the word / Ripped through space with its scissors."

The plurality of languages, far from being a punishment as the myth of the Tower of Babel supposes, exists on Earth so that we may live

experiencia de lo extranjero. Es necesario recuperar la felicidad del traductor en el desafío que entraña toda traducción. Teoría y práctica se desafían mutuamente y se complementan: de allí que la reflexión sobre la traducción sea inseparable de la experiencia de traducir.

Reencontraremos en estos poemas de Vicente Huidobro, traducido al inglés por Jonathan Simkins, los recursos recreados por la vanguardia para transmitir el vértigo histórico de un mundo fracturado, para cuestionarse y responder acerca de la pertenencia a ciertos lugares y finalmente abrir un diálogo entre las culturas, las identidades y los idiomas.

El poeta francés Paul Valéry dice se reconoce a un poeta cuando este transforma al lector en un inspirado.* Aquel que lee ofrece al creador de los poemas los méritos trascendentes de las fuerzas y de las gracias que se desenvuelven en él. Una lectura que busca traducir sentido por sentido y la necesidad de acercarse a la alteridad sin anularla. Comprender es traducir. Tratar de entender lo ajeno.

—Leo Lobos
Santiago de Chile, 2019

* [*en el francés original*] "Un poète—ne soyez pas choqué de mon propos—n'a pas pour fonction de ressentir l'état poétique: ceci est une affaire privée. Il a pour fonction de le créer chez les autres. On reconnaît le poète—ou du moins, chacun reconnaît le sien—à ce simple fait qu'il change le lecteur en 'inspiré.'" ("Poésie et pensée abstraites," 1939)

the experience of the Other. It is imperative to reclaim the joy of the translator from the challenge inherent in any translation. Theory and practice mutually challenge and complement each other: hence the reflection of the translation is inseparable from the experience of translating.

We will rediscover in these poems by Vicente Huidobro, translated into English by Jonathan Simkins, the resources revitalized by the avant-garde to transmit the historic vertigo of a fractured world, to contemplate and respond to the immanent belonging of certain places, and finally to open a dialogue between cultures, identities and languages.

French poet Paul Valéry tells us a poet is recognized when he causes the reader to become inspired.* One who reads offers to the creator of the poems the transcendent merits of the forces and the graces that unfold within oneself. A reading which seeks to translate sense by sense, and the need to encounter other-ness without annulling it. To understand is to translate. To strive to comprehend the alien.

—Leo Lobos
Santiago, 2019

---

* "A poet's function—do not be startled by this remark—is not to experience the poetic state: that is a private affair. His function is to create it in others. The poet is recognized—or at least everyone recognizes his own poet—by the simple fact that he causes the reader to become 'inspired.'" ("Poetry and Abstract Thought," 1939)

Vicente Huidobro

EL CREACIONISMO

AHORA QUE MIS OJOS VUELAN ENTRE PLANETAS AJENOS

Ahora que mis ojos vuelan entre planetas ajenos
Como una botella en alta mar
O en un cielo de todos colores
Sin una sola casa donde entrar en la tarde
Ahora que mis manos escaparon del fuego
En una barca tan rápida como el ocaso
Y casi más que la muerte huyendo del caballo que quiere morderla

Ahora hace frío por el odio que nos tienen las montañas
Hace frío porque se han dicho palabras tristes
Se ha dicho barca ocaso y ojos
Que son una misma cosa

Yo amo el viento que viene de los astros
Envolviendo los rayos cósmicos tan buscados por los hombres
Mientras ellos sólo se interesan por ciertas hierbas
De sabor delicado y olor penetrante
Tan penetrante como ellos mismos
Yo amo los ojos de grandes alas
Y amo el ocaso tan rápido como una barca
Y las manos y la montaña que se deja acariciar
Y una roca llena de amor que desafía al mar
Y un mar que desafía todas las estrellas
Amo el árbol viejo que tiene muchos niños
Un paisaje inmortal mirando nacer sus flores
Un río de cabellos blancos que aún salta entre las piedras
Unos ojos y unas manos salvadas del incendio
Un corazón que late
Como un sapo casi aplastado por una carreta

NOW THAT MY EYES FLY ON OTHER PLANETS

Now that my eyes fly on other planets
Like a bottle on the high seas
Or through rainbow pierced skies
Without a home to return to in the evening
Now that my hands have been saved from the fire
On a ship as nimble as the twilight
As hasty as death fleeing the horse that tries to bite him

It's cold here in the current of the mountain's hatred
It's cold where sad words have been uttered
Boat sunset and eyes we have said
They are one and the same

I love the wind that flows from the stars
Suffused with the cosmic rays that spawn human life
They themselves are drawn only to herbs
Of exquisite tastes and smells
As pungent as their cosmic essence
I love the eyes of majestic wings
And I love the twilight as nimble as a sailboat
And the hands and mountain that linger for caresses
And a stone steeped in love defies the sea
And the sea defies the stars
I love the primordial tree and its multitude of children
An immortal landscape gazing on its flowers
A river of white hair leaping still among the stones
Eyes and hands liberated from the flames
A heart that beats
Like a toad shooting beneath a wagon

Y una selva de todos colores
Sin ningún sentido del bien y del mal
Una selva encima de la selva
Para la ternura de los pájaros perdidos
Allá tan lejos de su país natal

And a jungle of infinite colors
Impervious to the ratio of good and evil
A jungle above the jungle
For the benevolence of birds
Lost far from their native lands

COMARURU

En la ruta de la Tiniebla
Me encontré con un iceberg
De dónde vienes a dónde vas
Voy buscando el puerto de mi palabra
Estoy frío como el cadáver que se llevan en hombros
Y enfría los hombros de los hombres a causa de sus lágrimas
Redondas como el mundo

Por el sendero de la Tiniebla
Venía el iceberg con una bandera adentro
Y voces de otros astros petrificadas
Ella cantaba debajo de sus pestañas
Y hubo una quebrazón de vidrios al fondo de sus ojos
Sin embargo las olas morían en la playa de sus párpados
Y traían suspiros de cometa en la ruta de la Tiniebla
Las olas traían un suspiro en cada bolsillo
El suspiro de la Tiniebla legendaria
El suspiro de la noche que amarra los planetas
Cuando van a decir hasta luego con una voz tibia como un asiento

La voz ha de alejarse en su propio tranvía
Y pasará más allá de la muerte
Porque viene de antes de la vida
Una voz milenaria compuesta adentro de sus olas
Una voz que encontramos como la montaña
Una voz más larga que la mirada del moribundo
Y nadie sabe lo que significa ni a dónde va a parar
Pero si crece adentro de nuestro pecho
También crece en la eternidad

COMARURU

In the path of the Dark
I found an iceberg
Where are you from where are you headed
I seek the port of my word
I'm as cold as a corpse slung over a shoulder
Its frigid tears chill the skin
Tears as round as the earth

Down the highway of the Dark
Rode the iceberg with its secret flag
And the voices of other petrified stars
She sang beneath their eyelashes
And shimmers of glass flashed at the backs of their eyes
But the waves still died on the shore of their eyelids
And they bore the sighs of a comet down the highway of the Dark
The waves held a sigh in every pocket
The sigh of the legendary Dark
The sigh of the night that binds the planets
When their warm voice says *hasta la vista*

The voice must depart its vessel
It will exceed the reaches of death
A voice in the beginning before life
A voice fermenting in its waves for a thousand years
A voice like a mountain speaking
A voice more distant than a dying man's gaze
And no one knows what it means or where it will go
But if it grows within our breasts
It grows too in eternity

Adiós grita Tiniebla
Y cae como un pulpo de azucenas
Y no puede saberse si es una voz o un gemido
O una música de socorro o un grito pidiendo auxilio
Sólo sabemos que la palabra
Vino rasgando el espacio con sus tijeras
Y cayó en este mundo atornillado a la noche
Acaso no es palabra sino una semilla de locura
Que soltó de sus manos un sembrador celeste
Como yo mismo he soltado tantas veces
Una paloma mensajera intraducible
O una rosa de luto
Para después del crepúsculo
Cuando el deber me llama
Y tengo que desplegar las velas de la luna

Debéis saber que nada es imposible
Y que bien puede ser la palabra de un muerto
La voz del jefe de la tribu humana
O el canto de un pájaro agorero en las selvas de otro astro

Decid al cadáver que se aleje con la muerte al hombro
Decid a la muerte que esconda sus cadáveres
Así iréis muriendo con la boca abierta
Esperando con la boca abierta la palabra que cae del cielo
La palabra que viene cayendo para que la descifréis
Con el sentido oculto debajo de una piedra
Y el ritmo de la sangre de un poeta remoto

Yo también construiré un castillo de voces
Ay del que rompa el encanto del laberinto
Y olvide mi futuro luminoso

Adiós shouts the Dark
Collapsing like an octopus enameled in lilies
No one knows if it's a voice or a moan
A song of blessing or a cry for help
All we know is that the word
Ripped through space with its scissors
Tumbled into the world bolted to the night
Perhaps no mere word but a seed of madness
Hurled by the hand of a celestial sower
I too have given flight so many times
To the hieratic tongues of messenger pigeons
And their roses of sorrow
For beyond the twilight
Where my duty calls
I will untether the sails of the moon

You must know there's nothing impossible
Even these words formed on dead lips
The highest voice of the human tribe
Or a bird's apocalyptic hymn in the jungles of another star

Tell the corpse carrying the corpse to get a move on
Tell death to hide its bodies
Like them you too will die with your mouth open
Waiting for the word to fall from the sky
The word that descends from heaven
To reveal the rhythm of the poet's blood
In a sign scrawled on a stone

I too will raise up a castle of voices
Woe to those who break the charm of the labyrinth
And omit my luminous destiny

Semejante a la desgracia del último acto
—Paz a los muertos de buena voluntad

Mi porvenir me está esperando sentado en el horizonte
—Gloria a los ladrones del cielo
Mi porvenir se triza y salen llamaradas
Se asustan los hombres de la ciudad
—Gloria a los ladrones del cielo
Ahora los aviones aparecen en el momento del destino
Cuando los cadáveres hacen silencio
Ellos oyen la voz de la Tiniebla y del Destino
Para decir cosas grandes hay que morir primero
Yo veo el cadáver que se lleva los dedos a los labios
Veo mi doble que se rapta mujeres y se pierde en la noche
Mi doble que estalla en aerolitos y se enciende al roce
    de la atmósfera
Mi doble que se aleja de repente
Cuando el cielo sonríe por casualidad
Mi porvenir me está esperando sentado en el horizonte
Y allí está la selva de palabras que no supe decir
La selva intraducible por el camino de la Tiniebla
La selva voy a unirme a la selva

Voy a unirme a mis palabras
Y entonces me perderé de vista a vuestros ojos
Nadie sabrá de mí
Yo estaré adentro de mis palabras
Y el nacimiento de un grito que va haciendo olas
Y no tiene límite porque vosotros no conocéis sus límites
Ni el nombre de la estrella que se irá inflando con mi voz

Seed of the same illustrious disgrace
—Peace to the pure hearted dead

My future waits at the horizon's edge
—Glory to the thieves of heaven
My ragged future issues its flames
The city dwellers cower in fear
—Glory to the bandits of the sky
The planes appear at the destined moment
When the corpses are silent
They hear the voice of Destiny and the Dark
To form the supreme word first you must die
I watch the corpse put its finger to its lips
I watch my double abducting women and disappearing
    into the night
My double erupting in meteorites and combusting
    in the atmosphere
My double darting like lightning
When the sky flashes its lucky grin
My future waits at the horizon's edge
And there is the jungle of alien words
The untranslatable jungle in the path of the Dark
The jungle I will become one with the jungle

I will be united with my words
Then I will lose sight of your eyes
No one will know where I have gone
I will live within my words
And the birth of a scream will stir its waves
You will neither know its limitless regions
Nor the name of the star filling with my voice

VAGABUNDO

Convoy de mundos y lenta descarga de olas, descarga de sus olas sobre los caminos del volcán o las playas del planeta que aúlla tras una aventura.

Canto y cataclismo de flor en la montaña.

Torbellino desesperado en un vuelo de palmeras sobre el universo bostezando hacia el otro lado.

Cuando se abra la llaga de las puertas me alejaré de vuestro abismo.

Sepulcros agrupados de frío como constelaciones sin luz, como rocas de leones calcinados.

Ebrio voy sobre el barco de rumores bajo este rocío voluptuoso. Prisionero de un hambre que se ahonda. Enfermero que se liberta de la suerte y de los lazos de las murallas en delirio.

Sin reposo en el pecho porque la nevazón del alma estupefacta vuela en espigas adivinatorias, gotea locura desde sus altas hojas.

Soy graznido galopando sobre los naufragios del horizonte que se estira y convierte el tiempo en una culebra al atardecer.

Vagabundo en gestos de silencio. Signos de temperatura, la soledad de la violencia espanta al anciano en su trozo de cielo cuando las lejanías hermanas del salvaje muestran su deseo ardiente de una abstracta esperanza.

La dureza del aire es la frontera, la última frontera hierática como un vidrio. Más allá los paisajes de la meditación en actitud de entrañas que aguardan.

VAGABOND

    Caravan of worlds and slow emission of waves, slow discharge of waves on the paths of the volcano or the shores of the planet howling after the adventure.
    Song and apocalypse of flowers on the mountain.
    Fevered whirlwind in the flight of palm trees yawning across the universe.
    When the sore of the doors erupts I will depart your abyss.
    Assembled tombs shiver like lightless constellations, like stones of charred lions.
    Drunk amid the voluptuous dew I pace the boat of whispers. Slave of a growing desire. Nurse who severs the bonds of luck and the chains in the walls of delirium.
    My restless breast in the snowstorm of stupefied spirits flying in divinatory spikes, oozing madness from their luscious leaves.
    I croak and gallop beneath the collapsing horizons expanding time into a snake slithering through the twilight.
    Vagabond of the gestures of silence. Icons of temperature, the solitude of violence frightening the old man in his shard of heaven when the distant sisters of the savage reveal their rabid craving for an abstract hope.
    The harshness of air is the border, the crystal of the final hieratic frontier. Beyond the landscapes of meditation in the posture of expectant entrails.

ATMÓSFERAS SIN RETORNO

Ojo perfecto en alusión de su ilusión
Con sus afluentes de crimen y de noche
De cielos y de días Sus afluentes de pájaros y globos
Y de árboles volando

El calor empuja a los dioses ignotos
Como los árboles de los piratas
Ojo regiamente amoblado
El mar que lo hizo era de sus comarcas
Y puede cambiar hasta cinco veces
En grados y temperaturas diferentes
Si el piano del cielo lo permite o lo exige

Gracias muchas gracias
Se sube a la punta de los árboles
Para ver la llegada de los piratas
Que cambian de barba siete veces
Como el cielo cambia de nubes otras tantas
El cielo tan bien amoblado
Y tan fraternal a ciertas horas
Porque
Aunque
El cielo envidia los nidos a los árboles
Comprende muchas cosas y llora con nosotros

El paisaje saluda a la derecha
A causa de las nubes sonrientes
El cielo saluda con la mano enguantada
A causa del crepúsculo malhumorado

ATMOSPHERES WITHOUT RETURN

Perfect eye the mirage of its shadow
With its streams of crime and night
Of skies and days Its brooks of birds and spheres
And flying trees

Heat drives the alien Gods
Like the trees of pirates
The princely eye
Spawned in the seabed
Where it shifts five times
In degree or temperature
If the piano of the sky permits or demands it

Bounty blessed bounty
It surges to the treetops
To witness the appearance of the pirates
Who trim their beards seven times
While the sky shuffles seven clouds
Sky of immaculate finery
Sky of brotherly love
Because
Even though
The sky envies the nests of trees
It senses human tears and cries with us

The landscape hails to the right
For the smile of clouds
The sky hails with its gloved fist
In the surly dusk

El ojo perfecto se cierra y se abre
Y deja caer una pequeña estrella adormilada
Y un perfume de arco iris
Gracias

El cielo pone sus huevos y canta para morir
Yo canto de alegría
Con el sonido y el olor de mis comarcas
Los paisajes cantan en coro
Muchas gracias
El capitán de los cometas busca su comida por todo el universo
Cuelga piratas en las horcas de la noche
Saluda a la derecha saluda a la izquierda
A causa de la muerte pesada de geologías
Y pasa entre las golondrinas sonriendo y suspirando

Gracias muchas gracias
A latigazo de mar sonrisa de cometa
A sonrisa de cometa saludo de montaña

The perfect eye shuts and opens
And weeps a sleeping star
And the perfume of a rainbow
A rainbow's praise

The sky births its eggs and chants the hymn of death
My harmony blossoms
In the bliss's pitch the shire's fragrance
The landscapes chant the chorus
Bounty blessed bounty
The commander of the comets pursues his prey across the universe
Hangs pirates in the gallows of night
Hails to his left to his right
To the colossal deaths of geologies
Then wanders among the swallows smiling and sighing

Praising the lash of a comet's smiling ocean
Blessing the smile of a mountain hailing a comet

CANCIÓN DEL HUEVO Y DEL INFINITO

La ciudad huye en un galope de palabras
Tiene miedo a las tenazas del árbol
Y a las manos de la noche
El alma vuela con el cuerpo aferrado
El alma forrada de plumas y de cometas transparentes
Cuando el pedestal de la lengua imita al mar
Y un pájaro vuela entre las orillas de la memoria
Porque hay un niño que ha perdido la memoria

Un océano de niños para un niño
Una montaña de pájaros para un pájaro
Un río de lágrimas para una lágrima
Un cielo de estrellas para una estrella

En cada hora del día cae un huevo diferente
Caen un huevo de luz y una luz de huevo
Un huevo blanco
Un huevo azul
Un huevo verde
Un huevo rojo
Un huevo alegre
Un huevo triste
Un huevo negro
Un huevo huevo
Caen uno a uno del arco iris que se sacude
Del arco iris cocoricó a cada quiquiriquí
Y los huevos gritan como flores
Y lloran como flores
Cuando alguien pisa los pies de las flores

SONG OF THE EGG AND THE INFINITE

The city flees in a gallop of words
It fears the claws of the trees
And the hands of the night
The spirit flies with its clinging body
The spirit lined with feathers and translucent comets
When the pedestal of the tongue emulates the sea
And a bird soars between the shores of memory
For a child whose memory was erased

An ocean of children for one child
A mountain of birds for one bird
A river of tears for one tear
A sky of stars for one star

At every hour of the day a different egg falls
An egg of light and a light of egg
A white egg
A blue egg
A green egg
A red egg
A happy egg
A sad egg
A black egg
An egg egg
They fall one by one from the quivering rainbow
From the rainbow *cocoricó* to every cock-a-doodle-doo
And the eggs scream like flowers
And they cry like flowers
When someone steps on their flower feet

Los huevos florecen
Las flores se empollaron
Al calor de las miradas atentas

Un huevo se quiebra y he ahí el sol
El sol para siempre con sus calorías y sus diamantes
¿Cuál es tu luz y cuál debiera ser?
Qué hermoso paisaje
Este paisaje que tiene pelos en el pecho
Mi cabeza rueda con las ruedas de sus orejas
Hasta el fondo de las edades
Ella se torna de oro en la edad de oro
De hierro en la edad de hierro
De piedra en la edad de piedra
Y la lanzan al infinito con una honda
Qué hermoso paisaje

El infinito sale de un huevo y pone otro huevo
Y después otro huevo
Y más lejos otro huevo
Una procesión de huevos
Un camino de huevos
Vías lácteas de huevos

Esto es hermoso como una naranja que abre sus puertas
Como una mariposa que se vuelve satélite

Había un huevo de pie al borde del mar
Un huevo escuchando los rumores del mar
Un huevo que tenía adentro el mar y el rumor del mar
Y que quería volver al vientre de su arco iris

The eggs bloom
And the flowers hatched
From the heat of attentive gazes

An egg breaks and there is the sun
The eternal sun with its calories and its diamonds
Which is your light and which should it be?
Such a beautiful landscape
The landscape with hairs on its chest
My head swivels with the wheels of its ears
To the end of the aeons
It turns gold in the age of gold
Iron in the age of iron
Stone in the age of stone
And it's hurled to the infinite with a sling
Such a beautiful landscape

Infinity issues from the egg and lays another egg
And then another
And another still
A procession of eggs
A path of eggs
Milky avenues of eggs

This is beautiful like an orange opening its doors
Like a butterfly's metamorphosis into a satellite

There was an egg standing at the edge of the sea
An egg listening to the murmur of the sea
It held the sea and the sea's murmur within itself
It wanted to return to the belly of its rainbow

O jugar con un millón de huevos cantantes
   en las esferas silenciosas

Hemos visto un huevo de aire como un aire de olvido
Como un ojo de aire
Como una corriente de aire en un aire corriente
Un huevo bailando sobre la tempestad
Entre los hoyos deslizantes de los naufragios
Entonces todas las mejillas se pusieron pálidas
Hubo un temblor de cielo
Todos los huevos se rompieron
Y todos los ojos se cerraron

Or to merge its voice with a million eggs singing
    from their silent spheres

We have seen an egg of air as an air of oblivion
As an eye of air
As a current of air in a stream of air
An egg dancing on the storm
Among the slippery pits of shipwrecks
Then the blood drained from every face
There was a tremor in the sky
All the eggs were broken
And all the eyes were closed

PUEDE VENIR

Y ahora vamos al minuto unánime
Tras la gran cortina sacada de las olas
Para las formaciones del corazón y su progreso
Algo del cielo y sus interiores
Algo de la partida hacia el lado opuesto
El doble tráfico en púrpura o sudario

Despojado el aire de su océano
Parecía saber lo que venía
Como el hormiguero en marcha por la selva
Es un ruido de arenas que se profanan

Despojado el océano de sus olas
Lloraba contra la lluvia
Silbaba sus carbones para agrandarlos
Y volver todo al origen autorizado a andar

Cinco personas muertas y veinte heridas
Dijo la catástrofe y se cubrió los ojos
El minuto unánime buscaba el corazón
Tras la cortina sacada del océano
Alguien miró el hogar que se alejaba
También el cielo al aire y sus interioridades

El problema es sencillo
Las olas se separan
El avión se vuelca el aire canta
De un modo irremediable
El volcán suspira sus más viejos sueños

LET IT COME

We now proceed to the unanimous moment
Revealed by the great curtain of the waves
For the heart's formations and its progress
For a thing of the vault and its interiors
For the alchemy of departing one's opposite
In binary traffic purple or shrouded

The air stripped of its ocean
Knew what was coming
Like an anthill snaking through a jungle
To the staggering noises of profaned sands

The ocean stripped of its waves
Cried against the rain
Whistled its coals into bloom
And surrendered everything to the primal origin of motion

Five dead and twenty wounded
Said the disaster and covered its eyes
The unanimous moment followed the heart
Past the curtain liberated from the ocean
Someone saw their home vanishing
And the sky dispersed into the air and its interiors

The problem is simple
The waves are divided
The plane tips over the air sings
In irrevocable fashion
The volcano sighs its ancient dreams

O sólo el corazón que dice ya está bueno
Las olas se dan la mano y se despiden

Or the heart alone hails its health
The waves shake hands and say goodbye

EL CÉLEBRE OCÉANO

El mar decía a sus olas
Hijas mías volved pronto
Yo veo desde aquí las esfinges en equilibrio sobre el alambre
Veo una calle perdida en el ojo del muerto
Hijas mías llevad vuestras cartas y no tardéis
Cada vez más rápidos los árboles crecen
Cada vez más rápidas las olas mueren
Los récords de la cabeza son batidos por los brazos
Los ojos son batidos por las orejas
Sólo las voces luchan todavía contra el día

Creéis que oye nuestras voces
El día tan maltratado por el océano
Creéis que comprende la plegaria inmensa de esta agua que cruje
Sobre sus huesos

Mirad el cielo muriente y las virutas del mar
Mirad la luz vacía como aquel que abandonó su casa
El océano se fatiga de cepillar las playas
De mirar con un ojo los bajos relieves del cielo
Con un ojo tan casto como la muerte que lo aduerme
Y se aduerme en su vientre

El océano ha crecido de algunas olas
Él seca su barba
Estruja su casaca confortable
Saluda al sol en el mismo idioma
Ha crecido de cien olas

CELEBRITY OCEAN

The sea spoke to its waves
My daughters return here soon
Here I watch the sphinxes balanced on the wire
I see a lost road in the eye of death
My daughters bring your letters do not delay
Every time the trees grow faster
Every time the waves die quicker
The archives of the head are beaten by the arms
The eyes are beaten by the ears
Only the voices struggle still against the day

You believe it hears our voices
The day abused by the ocean
You believe it hears the vast prayer of this water creaking
Over its bones

See the dying sky see the shavings of the sea
See the light emptied like an abandoned house
The ocean is weary of lapping the shores
Of cocking one eye open to the bas-reliefs of the sky
An eye as chaste as lying down with death
And sleeping in its belly

The ocean has grown from waves
It dries its beard
It wrings its soft cloak
It hails the sun in the sun's language
It has grown from a hundred waves

Esto se debe a su inclinación natural
Tan natural como su verde
Más verde que los ojos que miran la hierba
La hierba de conducta ejemplar

El mar ríe y bate la cola
Ha crecido de mil olas

This is its instinct
As natural as its greenness
Greener than eyes gazing at grass
The grass of a lofty mien

The sea laughs and beats the tail
It has grown from a thousand waves

AIRE NAVAL

Tres marineros bailan ante la perla muerta
El oriente se fue hacia el oriente
Para contradecir la ruta del sol
Para cambiar las leyes establecidas

El primero dice yo soy el corazón
El segundo dice yo soy la cabeza con su libro de sueños
El tercero dice yo soy la boca
Y de mí dependen vuestras palabras

Las palabras son mías dice el primero
Las tengo en mi árbol lleno de noticias
Yo creo que son mías dice el segundo
Son de mi sangre que sobrepasa sus visiones
Yo las muerdo y las mato dice el tercero
Y dejo sólo aquellas cuyo vivir me place

Qué vana discusión de sombras en la sombra
Todo depende de la estación y del paisaje semejante
Todo depende de la llama y el espanto de los dientes

Tres marineros bailan su muerte con la muerte
Con tal fervor y tantos dibujos doloridos
Que lloran los faroles
Con sus fechas cosidas al origen
Las palabras vivas bailan ante la muerte muerta
Los marineros cantan para que el mar se duerma

NAUTICAL AIR

Three sailors dance beside the dead pearl
The east wandered east
To disrupt the route of the sun
To transgress the laws of nature

The first says I am the heart
The second says I am the head with its book of dreams
The third says I am the mouth
And your words depend on me

The words are mine says the first
I hold them in my tree of revelations
I reckon they are mine says the second
They are born of my blood exalted in visions
I bite them and strangle them says the third
And I spare only those whose lives I favor

What a vain discourse of the shadow's shades
Everything depends on the season and the familiar landscape
Everything depends on the flame and the teeth of the ghost

Three sailors dance their deaths with death
With fanatic devotion and the emblems of pain
And the sobbing lanterns
With their dates embedded in their genesis
Incarnate words dance beside conquered death
The sailors sing to lull the sea to sleep

Soy hijo del tiempo dice el primero
Soy hijo de la noche dice el segundo
Soy hijo del viento dice el tercero
Los marineros bailan para que el mar no muera
Para que su oriente no se vaya de los ojos a sitios de mal augurio
A tierras lloradas por el aire de los perros

I am the child of time says the first
I am the child of the night says the second
I am the child of the wind says the third
The sailors dance to keep the sea from dying
To keep its east from disappearing into dreadful omens
Into realms excreted from the air of dogs

LA RAÍZ DE LA VOZ

Cada día me trae un vestido de sorpresas
Y un nuevo fuego a mi fuego interno
El alma tiene su oficio de pesadumbres
Que es como un agua de recuerdos
O de árboles que se mueven para parecerse al mar
Siento algo que sube de mis negras regiones
Y que pretende devolverme al cielo
Acaso dar mis ansias a la estrella que quiso apadrinarme

Hay una voz desterrada que persiste en mis sueños
Que viene atravesándome desde mis primeros días
Y que ha cruzado la larga cadena de mis ascendientes

Hay una luz de carne que persiste en mis noches
Que ata a ciertas almas con sus rayos
Hay una esperanza devoradora
Un presagio de cumbre tocada con las manos
Un presagio ascendiendo como una flor de sed
Más poderoso que el canto de las lejanías escuchado por el prisionero
Hay algo que quiere hacer nacer mis modos no nacidos
Los trozos ignorados de mi ser silencioso
Tanto ha quedado en laberintos insaciables
O se han llevado los espejos mortales sin reparar en el peligro
   de las sombras

Hay una noción de lágrimas y cálidas palabras
Que también han venido atravesando ríos
Y épocas como ciudades enterradas
Hay un trabajo de raíces si sueño

THE ROOT OF THE VOICE

Every day bears its regalia of revelations
A new fire to my inner fire
The spirit has its suite of wounds
They taste like memories of water
Or of shapeshifting trees that look like the sea
I sense something kindling in my dark plateaus
It wants to return me to the sky
To join my yearnings to their guardian star

There is a banished voice resonating in my dreams
It has persevered with me through all my days
It has traversed the looping chain of my ancestors

There is a light filled body the ruler of my nights
It binds the marked souls with its rays
There is a devouring hope
The summit of an omen touching fingertips
An omen rising like the thirst of a flower
More powerful than the song of distant lands in a prisoner's ears
There is something that craves to give birth to my unborn potencies
Neglected shards of my silent sentience
So much remains bound in the gluttonous labyrinths
Maybe they have taken the deadly mirrors
Without subduing the murderous shadows

There is a notion of tears and heated words
Where they too have been crossing rivers
And aeons and cities beneath the rubble
There is an integration of my roots if I dream it

Y al mismo tiempo una formación de distancias
Por la cual sangraremos a ciertas horas
Hay un latir de cosas que van a madurar tinieblas
Y buscan su palabra precisa para vivir entre nosotros
Buscan su olor distinto como lo busca cada flor
De todo esto será nuestro futuro
Y también hay un goce de campanas deshaciéndose de sus
   grandes sonidos

¡Oh transparencia de la soledad!
¡Oh libertad de augurio suspendido!
¡Oh filtro de la íntima conciencia que llora su destino!
Has escuchado tanto tu propia voz
Agonizando suspendida de ciertas células
Sin voluntad de espanto . . .
Escucha ahora la voz del mundo
Mira la vida que ondula como un árbol llamando al sol

Cuando un hombre está tocando sus raíces
La tierra canta con los astros hermanos

And at the same time a formation of distances
For which we will bleed at the ordained hour
There is a beating of those things which ripen darkness
And which form the sacred word to live among us
They seek its scent as every flower seeks its signature
From all of this our future coalesces
And there is a joy of bells being emptied of their lofty sounds

O transparency of solitude!
O freedom of the interdicted omen!
O filter of the intimate flame crying its destiny!
You have become a thrall of your own voice
In suspended calamities of destined cells
Beyond the volition of horror . . .
Hear now the voice of the world
See the ripples of life like a tree calling the sun

When a man touches his roots
The earth sings with its brotherly stars

IMPOSIBLE

Imposible saber cuándo ese rincón de mi alma se ha dormido
Y cuándo volverá otra vez a tomar parte en mis fiestas íntimas

O si ese trozo se fue para siempre
O bien si fue robado y se encuentra íntegro en otro

Imposible saber si el árbol primitivo adentro de tu ser siente
todavía el viento milenario

Si tú recuerdas el canto de la madre cuaternaria
Y los grandes gritos de tu rapto
Y la voz sollozante del océano que acababa de abrir los ojos

Y agitaba las manos y lloraba en su cuna

Para vivir no necesitamos tantos horizontes
Las cabezas de amapola que hemos comido sufren por nosotros
Mi almendro habla por una parte de mí mismo
Yo estoy cerca y estoy lejos

Tengo centenares de épocas en mi breve tiempo
Tengo miles de leguas en mi ser profundo
Cataclismos de la tierra accidentes de planetas
Y algunas estrellas de luto
¿Recuerdas cuando eras un sonido entre los árboles
Y cuando eras un pequeño rayo vertiginoso?

Ahora tenemos la memoria demasiado cargada
Las flores de nuestras orejas palidecen

IMPOSSIBLE

Impossible to know when that region of my spirit fell asleep
And when it will return to my intimate festivities

Or if it is gone forever
Or if it was stolen and found intact inside another

Impossible to know if the primordial tree of your being
Is still brushed by the millennial wind

If you remember the song of the quaternary mother
And the great cries of your ecstasy
And the sobbing voice of the ocean opening its eyes

And waving its hands and weeping in its crib

We don't need vast horizons to live
The poppy heads we have eaten suffer in our place
My almond speaks from a shard of me
I am near and far

I hold hundreds of aeons in my transience
I hold thousands of leagues in my depths
Cataclysms of the earth disasters of planets
And some grieving stars
Remember when you were a sound among the trees
When you were a dizzying little ray?

We are weighted with memory now
The flowers of our ears whiten

A veces veo reflejos de plumas en mi pecho
No me mires con tantos fantasmas
Quiero dormir quiero oír otra vez las voces perdidas
Como los cometas que han pasado a otros sistemas

¿En dónde estábamos? ¿En qué luz en qué silencio?
¿En dónde estaremos?
Tantas cosas tantas cosas tantas cosas

Yo soplo para apagar tus ojos
¿Recuerdas cuando eras un suspiro entre dos ramas?

At times I see reflections of feathers in my chest
Do not see me with so many ghosts
I want to sleep I want to hear again the voices of the lost
Like comets that have journeyed to other systems

Where were we? In what light in what silence?
Where will we be?
So many things so many things so many things

I exhale to shut your eyes
Remember when you were a sigh between two branches?

ÉRAMOS LOS ELEGIDOS DEL SOL

Éramos los elegidos del sol
Y no nos dimos cuenta
Fuimos los elegidos de la más alta estrella
Y no supimos responder a su regalo
Angustia de impotencia
El agua nos amaba
La tierra nos amaba
Las selvas eran nuestras
El éxtasis era nuestro espacio propio
Tu mirada era el universo frente a frente
Tu belleza era el sonido del amanecer
La primavera amada por los árboles
Ahora somos una tristeza contagiosa
Una muerte antes de tiempo
El alma que no sabe en qué sitio se encuentra
El invierno en los huesos sin un relámpago
Y todo esto porque tú no supiste lo que es la eternidad
Ni comprendiste el alma de mi alma en su barco de tinieblas
En su trono de águila herida de infinito

WE WERE THE SUN'S ELECT

We were the sun's elect
And we didn't know it
We were the chosen ones of the highest star
And we didn't know how to receive its gift
Agony of impotence
The waters loved us
The earth loved us
The jungles were ours
Our hearth was a space of bliss
Your gaze was the face of the universe
Your beauty was the sound of the sunrise
The spring loved by the trees
Now we are an infectious grief
A death before its time
The soul that's lost its bearings
Winter in the bones without a lightning bolt
And all of this because you failed to grasp eternity
You misinterpreted the spirit of my spirit on its ship of darkness
On its eagle's throne afflicted by the infinite

DOMINIO

Me llamas con tu apenas verde
Con el movimiento de tu luz y tu sueño sepultado
Me llamas con tu orilla de distancia amaneciendo
Con tu nada en retorno y silencio
Perfil de voz sobre el naufragio
No puedo ir
Ni puedo oír las ropas entrañables
Ni el canto de las velas envidiadas
Por el destino al pie de la ventana
Ambos sabemos la razón del cansancio
Conocemos el descuido del ruido de los pies sin conocido otoño

Y sentimos que la barrera cambia
Según el modo de mirar

Este refugio agranda su neblina
Contrae pesadillas de esperanza en retroceso
Toma las manos y las conduce a la locura
Llena de besos y de llanto porque no tienen fondo

DOMAIN

You call me with your shred of green
With the motion of your light and your hidden sleep
You call me with the advent of your distant shore
With your silent return of oblivion
Profile of the shipwreck's voice
I cannot move
I cannot hear the alluring clothing
Or the song of the candles of envy
Coalescing on the windowsill
We both know the source of exhaustion
We know the reckless sound of feet that haven't tasted autumn

And we feel the barrier shifting
According to our mode of seeing

This refuge multiplies its fog
Shrivels the nightmares of retreating hope
Takes your hands drives them to delirium
To kisses and weeping because they touch the impossible

GENERACIÓN ESPONTÁNEA

Pedid vuestra muerte
He aquí la tumba sobre la pista de los aviones nocturnos
La generación espontánea de las palabras en pleno mar
Después de experiencia hecha hay que modificar el último minuto
Y las metamorfosis en cruz que alumbrarán el aire con colores vivos

En la ciudad de nuestros ecos
La tempestad desencadenada mata su marido
Las hierbas crecen sobre los fuegos de posición
O las miserias del otoño sin guantes

Llegarán   aún
                 no hace   entre vuestras ropas sombrías
A la muerte   demasiado frío

El sueño se abre hasta la borrasca de los metales preciosos
Para ustedes señoras
Un peregrinaje a las chimeneas de eco en eco
La gama del misterio está fuera de peligro
La única gama que se agranda a través del beso del mundo
Durante tres días solamente
En el reino que sale del mar

El simple olvido de la mujer de elixir de aniversario
Liberta vuestras piernas de las banderas de la muerte
Después se sigue la pista del desconocido por qué

SPONTANEOUS GENERATION

Ask for your death
Here is the grave by the runway of nocturnal planes
The spontaneous generation of seafaring words
When the deed is done one must transfigure the final second
In the cross's metamorphosis lighting the air with dazzling colors

In the city of our echoes
The unchained storm slays her spouse
Herbs grow from the coordinates of fire
Or the miseries of gloveless autumn

You will arrive   still
                      undone   in your dark cloaks
Of shivering   death

The dream opens to the squalls of precious metals
For you ladies
A pilgrimage to the chimneys of echoing echoes
The spectrum of the mystery beyond all danger
The only spectrum enlarged by the world's kiss
For three days only
In the kingdom departing the sea

The simple oblivion of the woman of the festival's elixir
It frees your legs from the flags of death
And follows the trail of the shrouded root

LA MANO DEL INSTANTE

Igual destello de hierbas provisorias
De árboles escritos a diez ojos a la redonda
Igual ahora de viento y crujido de párpados
Igual entonces de lluvias preferidas a los ríos
A causa del sentimiento que cae
A diez ojos a la redonda

En esta hora se queman las esperas
Se cortan los pedazos de miradas
Vienen las orillas a hablarnos en secreto
Y se cierran las olas con gran ruido
Todo está preparado de largo tiempo
El alma desciende a sus venenos
Los paseantes buscan su golondrina hipnotizada
Descargan sus países
Y se alejan por el ruido de sus pasos
En esta hora de destellos iguales
A diez ojos a la redonda
Se muere el cielo de su leche ordeñada
El mar no quiere decir ni una palabra más
Yo quiero decir montaña y digo árbol

Igual destello de ojos en lontananza
Igual ternura de cabellos en el aire
Igual entonces de rosas meritorias
Igual por qué de palomas en su violín
Igual eternidad de escalas en sueños ascendentes

HAND OF THE MOMENT

The same sparkle of ephemeral herbs
Of trees engraved in the radius of ten eyes
The same presence of wind and crackling of eyelids
The same season of rains prized over rivers
On account of the reverie dispersing
To the radius of ten eyes

In this hour the intervals combust
Shreds of glances are severed
The shores draw near to speak with us in secret
And the waves crash with staggering noises
Everything ferments for its appointed time
The spirit wallows in its poisons
The pilgrims pursue their hypnotized swallow
Relieved of their homelands
They set out to the noise of their steps
In this hour of twin glimmers
In the radius of ten eyes
The sky of their suckled milk dies
The sea won't speak another word
I mean the mountain but say the tree

The same flash of eyes on the horizon
The same sweetness of hair on the wind
The same revelation of courageous roses
The same purpose of pigeons in their violin
The same scales of the eternal ascending in dreams

TRANSFIGURACIÓN

Cómo hablar despertando toda cosa
Así también la fabulosa raíz del tiempo ya encarnado
Cómo decir todo lo que debiera ser aureola
En torno de la voz perdida por su propia hondura
Cómo decir lo que no quiere ser piedra coronada

Sabes que el canto de tus olas es obligatorio
Que el universo sólo descubre sus alianzas
Andando por los adentros de ti mismo
En esta amalgama de ecos
De inquietudes ahogándose en aguas sin respuesta
De mágicos desvelos
Y esta ansia de ser que somos
Estoy vivo y estaré muerto
Muerto como un sonido que atravesó la tierra

Soy el alimento de millones de años
Preparándome a través de los tiempos y los siglos
En escapadas furtivas o violentas
A través de las razas los países y los mares
Y las plantas los sonidos los colores
Dado a mí mismo por milenarias épocas
Y de ellas siendo un resumen inocente
Con sus actos y sus sentimientos
Rodando como ríos de las edades y los astros hasta mí
La angustia los tormentos
Innumerables aventuras de la piedra y el árbol
Unido siempre a esa cadena de esqueletos
Que se pierde en las noches terciarias

TRANSFIGURATION

How to speak the rousing of all things
To kindle the fabled root of embodied time
How to speak the word of every halo
In the voice untethered from its origin
How to utter the refusal of crowned stone

You know the inexorable song of your waves
That the universe alone forges its bonds
Moves them within you
In this amalgam of resonance
Of forebodings drowned in voiceless waters
Of magical vigilance
In this frenzy to be what we are
I am alive and will be dead
As dead as a sound piercing the earth

I am the sustenance of millions of years
Fermented through the centuries and aeons
In the subterfuge of violent escapes
Through races countries and seas
Through plants sounds and colors
Offering myself to the millennia
As a blameless summary
Of their acts and feelings
Rolling in the rivers of ages and stars before me
The anguish the torments
The innumerable adventures of stone and tree
Bound together in their chain of skeletons
Vanishing in the tertiary nights

Y cada uno de ellas manda
Como jefe de tribu o capitán de estrellas
Y cada uno sufre y ve y anda
Y cada uno canta
Y cada uno guarda su pasión encendida
Su amor enloquecido y tal vez transmisible

Y cada uno ríe
Y odia y se encabrita como las narices del caballo ante el miraje
Y cada uno piensa
Y cada uno oye por todas sus hojas y por todos sus poros
Y cada uno lleva su lepra legendaria
Y sus auroras explosivas
Y todos se me agolpan unidos por el ansia
De ser vibración propia en los paisajes

Y allí estás hecho árbol por exceso de piedra
Hecho animal por exceso de árbol
Hecho hombre por exceso de animal taciturno
Allí estás tan doloroso en tus huesos pensadores
Tan acostumbrado a tu carne profética
Y tan feliz sobre tu sexo irresponsable
Que pareces una proa en el mar
En medio do ojos espantados
Y de esperanzas sonriendo en las arterias

And every one of them takes command
Like the chief of a tribe or captain of a star
And everyone suffers and sees and moves
And everyone sings
And everyone keeps the flame of their devotion burning
Their lunatic love and its pestilent potential

And everyone laughs
And hates and snorts their nose like a horse before a mirage
And everyone thinks
And everyone listens from their leaves and their pores
And everyone carries their legendary leprosy
And its exploding auroras
And everyone is drawn together by the craving
To be their own vibration in the landscape

And there you become a tree from the surplus of stone
An animal from the surplus of trees
A man from the surplus of laconic animals
And monstrous pain sings from your pensive bones
From the habits of your prophetic flesh
The ecstasy of your reckless sex
You're a prow clipping the sea
Amid frightened eyes
And the smiling arteries of hope

BOCA DE CORAZÓN

Por qué llorar
Si un hombre de eucalipto dolorido
Nos saluda como un ángel
En verdad yo desearía un sacrificio inmenso
Creer en la noche y sus máscaras cerradas
Creer en dioses más viejos que los astros

En los amigos inviolables
En las casas vestidas de amor

El mundo tiene momentos de sorpresas
Cuando los árboles se cansan de guerrear
Cuando el hombre se calla
Y le deslumbran las montañas que tiene adentro
La noche hace salir al mundo de su lágrima ardiente
Y ofrece sus hadas al viento arrepentido

Prefiero un alma donde nadie ha escrito nada
Donde no han crecido plantas
Más que todo me gusta la ebriedad de las islas
Que son un personaje de sueños prohibidos
Con su tarde propia llena de hojas indiferentes
Y un bosque parado por delante
Para ocultar las momias y sus ángeles sonámbulos

Por qué llorar
La vida consiste en pensar en la muerte
En quedarse quieto
Para sentir una lágrima que va naciendo en el corazón

HEART MOUTH

Why weep
If an afflicted man
Hails us as an angel
Truly I would have an enormous sacrifice
Believing in the night and its sealed masks
Believing in Gods older than the stars

In immaculate friends
In houses decked in love

The world has moments of shock
When the trees grow weary of war
When man grows silent
Illuminated by the mountains within
The world flees night's burning tear
And offers its fairies to the penitent wind

I desire a spirit untouched by speech
Or by the growth of plants
More than anything I love the drunkenness of the islands
Their figures of forbidden dreams
Their afternoons of indifferent leaves
And the tree lines of their forests
Hiding their mummies and their sleepwalking angels

Why weep
When life consists of thoughts of death
Of remaining silent
Of sensing a tear's birth in your heart

Por qué llorar
Una experiencia redonda como los astros
Cae todos los días del techo del día
La muerte es no saber si estamos ciegos

No acepto el sonido que penetra en los planetas
No acepto el llanto que se hunde
Y sale en diálogo de árboles
Y se va río abajo como la muerte
En alaridos de estrella adivinada
Es mucho y no es bastante
Escalofrío dibujado al fondo como perla triste entre sus malezas

Escalofrío azul pintado en las estrellas

Estoy solo y blanco
Miro la vida que se levanta
Miro los ojos azules y los ojos negros
Siento la gracia desnuda de estos campos
Cuando los colores se quedan dormidos en su color
Y sufro a pesar de la luz desparramada

Para llorar con los ojos azules
Tenía una tristeza la tristeza
La tarde se llenaba de aparecidos en obscuros ritos
Yo me alejaba solo y blanco

Para llorar con los ojos negros
Tenía una montaña la montaña
Se oían batir las alas de la luna
Yo me alejaba como un suspiro a sus estrellas

Why weep
For an existence as circular as the stars
A daily descent from the limits of the possible
Death is not the knowledge of our blindness

I refuse the sound that penetrates planets
I refuse the collapsing tears
That set forth from the dialogue of trees
And lumber downstream to their death
In the divinatory shrieking of stars
It's too much and not enough
Blue shiver drawn on the backdrop like a pearl among weeds

Blue shiver painted on the stars

I am white and alone
I see life rising
I watch blue eyes and black eyes
I feel the naked grace of these fields
Where colors sleep deep inside their colors
And I endure the scattered light

To cry with blue eyes
The sadness had a sadness
In a day filled with arcane rites
I set out white and alone

To cry with black eyes
The mountain had a mountain
Where you could hear the beating of the moon's wings
I set out like a sigh for its star

Para llorar moría el mar
Moría el viento lleno de animales doloridos
Sobre las playas de tu voz
Sufría el mundo en su ataúd de cielo
Es mejor alejarse de estos destinos y estos sueños
Como el suspiro que cumple con su deber
Alejarse alejarse
En la cumbre de la montaña
Hay una piedra que habla

To cry the dying sea
The wind of animal pain was dying
On the shores of your voice
In the world's sorrow in its coffin of sky
It's better to escape these destinies these dreams
Like a sigh fulfilling its duty
Retreat retreat
On the mountain summit
There is a stone that speaks

CORONACIÓN DE LA MUERTE

Moría una paloma bajo los grandes árboles del mundo.
Cuán amargo es el aire de los países que desfilan
Las nubes te despiden entre pequeñas lágrimas en busca
de un apoyo celeste
Moría la rosa en su temblante pedestal   Cuánta leyenda
cantada por las tardes en diversos tonos
El llanto se esparcía por las piezas oscuras
Moría la flor-paloma y el hijo ponía su dolor en el pecho
del mundo
Se iba la flor-paloma por el aire y un gran silencio caía
en los caminos

Yo quiero hablaros de los ojos de la muerte   Del suspiro postrero
De las maneras de morir tan distintas como los andares
Hijo qué haces de tu dolor los meses van a venir los años
las primaveras
Cortejo de sol y estrellas con tanto espíritu y variadas voces
He puesto mi alma en ese último suspiro y por lo tanto
qué ha de ser de mí
Tierra sin árboles corazón sin hierbas ni palomas
Cómo puedes andar entre esperanzas ajenas
Qué voz solemne ha salido de su almendra   Qué canto
es ése que era el mío y desconozco
El mar se llena de alma y las rosas escuchan y las arenas
no saben qué hacer ni qué decir
Así se muere   Un airecillo leve entre los dientes un temblor
en los pétalos un reflejo de rocío extrahumano en los
cabellos dolorosos y resignados

CORONATION OF DEATH

A dove died beneath the great trees of the earth
How bitter is the air of the transient regions
The clouds say goodbye with little tears
pointed at the stars
The rose died on its quivering plateau   Tongues of legend
sang in the rainbow hues of evening
Lamentations filled the dark rooms
The flower-dove died and her child sowed his grief
in the breast of the earth
The flower-pigeon sailed through the air and a great hush fell
over the roads

Come we will speak of the eyes of death   Of the final sigh
Of the manifold signatures of death
Child what do you make of your grief the months will pass
the years the springs will come
The procession of the sun and stars through countless voices
I sowed my spirit in that final breath wherein
my seed shall bloom
In the treeless regions the heart with neither herbs nor pigeons
How can you move among alien hopes
What lofty voice arises from your almond   Which chant
of mine recedes from memory
The sea is full of souls the sands and roses listen
they don't know what to do or say
Hence they perish   A slight breeze between teeth a tremor
in the petals a gleam of extraterrestrial dew
in the dolorous hair of doom

Qué voz solemne viene entrando en este árbol de memoria
frágil como el humo y las cuerdas del arpa
Qué llanto milenario de tribus en la noche y de edades
perdidas enlaza los pechos de los siglos
Qué alarido de buscadores de fortunas asesinados
   en los bosques oscuros
Qué sollozo de sueño horrendo bajo el techo caído de repente

La sonrisa era cosa del alba
La otra orilla de la amargura   El tiempo de las semillas
trae un brillo en sus espadas una capa de gloria sobre los hombros
La sonrisa era cosa de magnolia era cosa de ropas lavándose
en el río entre espumas
La sonrisa era cosa de frutas y ventanas abiertas era cosa
de colores disparados al sol
Oh suspiro de los muertos Oh alma hija de mis rosas Oh flor-paloma
por qué me has deshojado al deshojarte
Llega el suspiro Todo es inútil Oh viento del otro lado
tan ansioso de su sitio Se fue se va el suspiro
Y yo me voy con él empujando las puertas de la muerte

A lofty voice enters this tree of memory
frail like smoke or the strings of the harp
The millennial cry of the tribes goes up in the night
links the lost ages to the breasts of the centuries
The shriek of treasure seekers slain in the dark woods
The wretched sob of sleep wailing under the fallen roof

The smile was a thing of the sunrise
The other shore of bitterness   The age of the seeds
bearing a glimmer of swords a mantle of glory on its shoulders
The smile was a shade of magnolia a sparkle of clothes soaking
in the river's foam
The smile was a shard of fruit and open windows an essence
of colors hurled to the sun
O sigh of the dead O spirit daughter of my roses Oh flower-dove
why have you stripped our petals
The sigh comes Everything is futile O wind of the far side
itching to depart its station The sigh comes and goes
And I go with it pushing at the doors of death

LA POESÍA ES UN ATENTADO CELESTE

Yo estoy ausente pero en el fondo de esta ausencia
Hay la espera de mí mismo
Y esta espera es otro modo de presencia
La espera de mi retorno
Yo estoy en otros objetos
Ando en viaje dando un poco de mi vida
A ciertos árboles y a ciertas piedras
Que me han esperado muchos años

Se cansaron de esperarme y se sentaron

Yo no estoy y estoy
Estoy ausente y estoy presente en estado de espera
Ellos querrían mi lenguaje para expresarse
Y yo querría el de ellos para expresarlos
He aquí el equívoco el atroz equívoco

Angustioso lamentable
Me voy adentrando en estas plantas
Voy dejando mis ropas
Se me van cayendo las carnes
Y mi esqueleto se va revistiendo de corteza

Me estoy haciendo árbol Cuántas veces me he ido
convirtiendo en otras cosas
Es doloroso y lleno de ternura

Podría dar un grito pero se espantaría la transubstanciación
Hay que guardar silencio Esperar en silencio

POETRY IS A CELESTIAL CRIME

I am absent but deep within this absence
There is the waiting for myself
And this waiting is another form of presence
The waiting for my return
I dwell in other objects
In my travels I leave shards of my life
To various trees and stones
That have been waiting for me many years

They grew weary of waiting and sat down

I am here and not here
I am absent and present in a stasis of waiting
They crave my language to express themselves
And I crave theirs to express them
And this is the sin the hideous sin

Anguished and appalled
I'm penetrating these plants
I'm shedding my clothes
My flesh sloughs off
Bark enamels my skeleton

I'm becoming a tree
How often I've become other things
It's painful and fraught with tenderness

I could scream but it would scare away the transformation
One must remain silent must wait in silence

SER Y ESTAR

Mi mirada está cocida
Porque el ojo antes de ser ojo era un pequeño huevo de paloma
¿Qué puede pasar entonces en las páginas del paisaje?
Esos árboles que aún no he mirado están crudos
Como las estrellas antes de oír tu voz
Y tienen un frío de espadas colgando siglos en la pared

Como las estrellas nonatas acurrucadas en algún rincón
Yo tengo un rincón adentro de mi rincón
Un rincón como una amatista
Entre las sombras habladoras del universo
Sólo yo tengo un rincón semejante
Y tan propio como mi voz

De ojo a ojo todo está nonato
De oreja a oreja todo está esperando algo
Un cielo correspondiente y parecido
Como si Dios fuera a nacer de repente

En el último piso del árbol
La tragedia de un canto eterno
Tibio como una mano

BEING AND EXISTING

My view is skewered
Because the eye before it was an eye was a little pigeon egg
What potentials slumber in the pages of the landscape?
Those trees I've yet to see are raw
Like the stars before the sound of your voice
They wield a shiver of swords hanging centuries on the wall

Like the unborn stars crouched in a corner
I hold a nook in my cranny
A crack like an amethyst
Among the chatty shadows of the universe
I have a similar hole
Where a twin of my voice dwells

From eye to eye everything is unborn
From ear to ear everything waits for something else
A familiar sky corresponds
As if God were about to be born

On the highest plane of the tree
The sorrow of an eternal song
Warm like a hand

VOZ PREFERIDA

Aquellos cielos derramados entre palomas y montañas
Aquella tierra que llenaba el mundo
Con sus voces marinas y sus ansias
De razas desbordadas y capitanes furibundos
Esa enorme vertiente o corazón inagotable

Ahora al sacudir sus nuevos sueños
Vuelve a tomar su marcha desde el sitio
En donde la epopeya se quedó dormida de cansancio
Entre caballos rodando por la muerte
Entre la altiva historia con el mismo gesto de sol con que saliera

FAVORITE VOICE

Those skies spilled between pigeons and mountains
That shore which filled the earth
With its sailor's voices and their cravings
Its burgeoning tribes and ferocious captains
That prodigious spring or the boundless heart

Now to shrug off the new dreams
To set forth again from the scene
Where the weary saga slumbered
With the horses tumbling to their deaths
With the lofty story oozing from the same sunny gesture

ES UN DECIR

Inquietas en los anillos de los labios y de sus sentidos
Las palabras se lavan como espadas
Nobles defensoras de la mujer en su mármol caído
Los delirios trágicos estallan en fiebre
O en obelisco de altos hechos

El paisaje se hincha de riquezas
Pero hay circunstancias atenuantes
Para el verano sentado al medio del año
Y más real que las mujeres de antaño
Él es la bella túnica del monasterio
A la hora de la bajada de las escaleras y de la luz que rueda
   de los faroles

Como una cabellera desatada
Para el mármol y su sirena dormida adentro
Para el tiempo y sus heridas

IT'S A PROVERB

Restless in the rings of their lips and senses
The words purify themselves like swords
Noble defenders of women in their fallen marble
Tragic deliriums erupting in fear
Or from the obelisk of lofty knowledge

The landscape swells with riches
But there are circumscriptions
For summer straddling the year's equator
It's the beautiful cloak of the monastery
More vivid than the women of bygone years
In the hour of descending stairs and light rolling
    from the lanterns

Like hairpins falling
For marble and the mermaid sleeping within it
For time and its wounds

AÑO NUEVO

Primer fruto que brota sobre la rama de desastres
Como el primer soldado al fondo de la calle
El árbol de las calles
El árbol de los tiempos
El árbol que canta en sus ramas populares
Árbol y árbol
Árbol a árbol para selva
Árbol para paisaje engendrado bajo el cielo

El búho contempla la Persia
Sobre las espaldas de su desprecio
Y el trozo de camino es un nuevo fruto
Esperado por los ojos

Primer de enero en su silencio
Te veo venir reina Ana sobre el asno de tus años
Con el anillo del año en el dedo
Mujer de caricias internas
Y su secreto de perlas y de oriente
Al fondo del cabo verde de sus pupilas
La vida se rompe sobre las rocas

Yo conozco el secreto del derviche
En medio de la Persia está sentado
Y mira hacia la izquierda
Va a hablar
Habla con una elocuente piedad de tierras largas

NEW YEAR

First fruit that blooms from the branch of disasters
Like the first soldier at the back of the alley
The tree of the alley
The tree of the ages
The tree that sings in the common branches
The tree and the tree
The tree to the tree for the jungle
The tree for the landscape spawned beneath the sky

The owl ponders Persia
On the spines of his scorn
And the shard of road is a new fruit
Anticipated by the eyes

New Year's Day in its silence
I see you coming Queen Anne on the donkey of your days
With the year's ring on your finger
Lady of the innermost caresses
And your secret of pearls and of the east
At the base of the green cape of your pupils
Life shatters on the rocks

I know the secret of the dervish
She sits in Persia
Gazing to her left
She's going to speak
She speaks with the eloquent piety of vast lands

(Entonces
Entonces y entonces
El párpado maravilloso la lámpara de los ojos
El ladrón de auroras el marino de nácar
La caverna del corazón con vientos de mil años
El laberinto imantado
El rey y el astrólogo con los ojos de luto y de destinos
El caballo blanco como una paloma
De tanto pensar en las montañas
La estrella polar con una flor en el dedo
Entonces entonces)

Las palabras pasan con la proa al aire
Los recuerdos se acercan a velas desplegadas
Las esperanzas se alejan al horizonte de los pájaros

Un diamante más poderoso que una ametralladora
Llena los ojos de sus sueños personales
Y hasta la estrella más desgraciada
Huele a noche en todos sus rincones

La tarde se aumenta de un dolor de alondra
El cielo tiembla como las plumas de la garganta
Tan fatigada de preparar los días
Las imágenes encerradas pasan dulcemente a hurtadillas

Como un pañuelo adivinado olores
El mundo sale del bolsillo

(So
Then and then
The marvelous eyelid the lamp of the eyes
The thief of the auroras the marine of mother-of-pearl
The cavern of the heart with its thousand years of wind
The magnetized labyrinth
The king and the astrologer with their eyes of grief and destiny
The white horse like a dove
From ceaseless meditation on the mountain
The polar star with a ring of flower
And then)

The words pass with a prow in the air
The memories approach the open sails
The hopes withdraw to the horizon of birds

A diamond sharper than a machine gun
Fills the eyes of your intimate dreams
And even the most wretched star
Bears the scent of the night in its crevices

The evening blossoms from a lark's affliction
The sky trembles like the feathers of her throat
Enfeebled from assembling the days
The sealed icons pass sweetly on the sly

Like a handkerchief divining smells
The world emerges from its pocket

APAGADO EN SÍNTESIS

Tiene el alma su vaivén de soledad
Tiene su día de mármol en monumento inconfundible
Y su velocidad de olor por encima de sus tapias
Que yo distingo y amo como su luz milenaria
Y las descargas de sus colores
Entre palabras y desgracias

El duradero luminoso en su vaivén de silencio
Sobre la almohada de la conciencia
La revelación de un bosque o de un lago llamando estrellas
O de ese paisaje de pie sobre la quimera
El paisaje en donde hay un árbol que tiene algo que decir

Estalla mi ser interno
Y rompe sus meridianos
Un llanto y una risa de carne
Estalla mi ser esencial
Y se yergue sobre su pedestal ardiente
Que le impide ser lamento o morir en sus miradas

Es una dádiva impaciente a la imagen del mundo
Del engaño de todo y sus rumores
Es un canto de las células sufrientes
Para romper sus lazos simulados o feroces
Para romper sus leyes de ritmos implacables
Soltar la astronomía
Soltar los ríos y las piedras
Soltar los perros contra el destino que se acerca
Y trae su calvario en llamaradas
Más musicales que el ocaso

DEACTIVATED IN SYNTHESIS

The spirit has its oscillation of solitude
It has its luminous shrine in the day of marble
And its flash of perfume rushing over the walls
I see its form I love its primordial light
And the discharges of its colors
Between words and disasters

The durable light in its oscillation of silence
Its pillow of sentience
The revelation of a forest or a lake hailing the stars
Or of that landscape poised above the chimera
The landscape where a tree is about to speak

My innermost being ruptures
It shatters its meridians
A moan and a chuckle of flesh
My innermost essence erupts
It hoists itself up on its burning pedestal
Wields its shield against the lamentations and the eyes of death

It's a covetous offering to the image of the world
To the cunning of the earth and its whispers
It's a song of cells suffering
In their ruin of broken bonds
Their immolation of inexorable rhythms
Shedding the starry vast
Discharging rivers and stones
Unleashing the dogs against advancing fortune
And delivering the ordeal in rockets
More musical than the sunset

Las manos de la noche
Avaras cuentan mis alegrías y mis estremecimientos
Rueda el contento transitorio por el declive de la piel
Árbol incomprendido
Miserable resorte en su niebla
Qué enfermedad celeste te delata y te oprime
Qué secreto tremendo te ha cortado los puentes
Quién te hace isla en medio del pasado y el mañana
Quién dio a tu corazón un ruidoso destino de garganta

La cifra de tus ojos ofrece una pregunta
Y una angustia a retazos contagiosa
Cifra de violencia y de pájaro desilusionado
O de árbol lleno de seculares experiencias
Mira volver tus ojos sin aliento
Oh miserable abre tus montañas
Abre las ventanas de tu música
Tu música que interroga y se asusta
Como la hoja que va cayendo lentamente

The hands of the night
Covet my ecstasies and terrors
Transient shivers engraved in the skin
Incomprehensible tree
Spring rotting in its mist
Celestial disease that betrays and enslaves you
Supreme secret that burns your bridges
That gives birth to an island between yesterday and tomorrow
That gave your heart the tongues of destined fire

The cipher of your eyes unveils the question
Offers its affliction to the infectious offal
The cipher of violence and the crestfallen bird
Or the tree flush with ancient visions
See the breath vanish from your wayward eyes
O misery open your mountains
Open the windows of your music
Your music interrogating and sinister
Like a slowly falling leaf

VOCACIÓN DE ALTURA

Es inútil andar por el desprecio con el desprecio a cuestas

Es inútil marchar por el cielo y con el cielo al hombro
Es inútil ser mar con grandes alas como noches
Nunca la verde pluma solitaria tan alta y musical
Calmará sus anhelos ni las rocas violentas del planeta

El viento pasa a través del esqueleto
Hace sonar marfiles al fondo del tiempo y de mi soledad
Bate alturas derramadas y llantos de lejanas circunstancias
Tiene tanto sabor de cielo malherido
Que la voz se acaricia como la sombra de un barco muriéndose
   de angustia

Los árboles no cantan en sus orillas deseadas
Pero la noche tiene un agua suave
Hay cosas puras como el muerto entre sus velas
Hay cosas dulces como la aldea en sus ventanas y sus enredaderas

Hay cosas tristes como la lámpara de ciertas tumbas para leer un nombre

El viento pasa a través de los hombres
Y lleva el olor de su planeta

HIGHER CALLING

It's useless casting scorn while being scorned

It's useless marching through heaven with a chip of sky
   on your shoulder
It's useless being an ocean with wings as big as the night
Never the sole green feather in its ascendant music
That soothes your desires or assuages the planet's violent stones

Wind traverses the skeleton
Echoing ivory in the bedrock of time and in my solitude
Trumpeting the shattered plateaus and the tears of distant lands
Its essence is the taste of wounded sky
The voice caressing itself like the shadow of a ship's slow death

The trees will not sing on the shores of their desire
But the night still holds its smooth water
There are pure things like the dead among their candles
There are sweet things like vines growing over windows
   in the village

There are wretched things like lamps lighting the names of tombs

Bearing the scent of its planet
Wind penetrates the lives of men

CAMINO INÚTIL

Cortar el suspiro del infinito nacido en nuestro pecho
Cortar la tarde con sus grandes senos desesperados
El miedo de los labios ante el canto que brota
El miedo de la montaña ante la luna
Y del tiempo en mi cabeza ante el tiempo en su vacío

Yo ando sobre mi sangre desesperada
Buscando el rincón secreto de mí mismo
Sin miedo de caer sobre mis montañas
Sin miedo a la tempestad que se prepara en mis ojos
Andando sobre el barco de mí mismo
Sobre este esqueleto sin vuelta y sin tristeza
Andando andando
Amenazado por tanta semilla propia
Por tanta obscuridad que quisiera cantar
El buque tiene sus olas contadas
Lleva un espíritu de savia en su árbol astrológico
Y no me obedece cuando mi voz llega a su destino
Cuando abro los ojos para que quepa el sol

USELESS PATH

Severing the sigh of the infinite born in the ribcage
Severing the evening of enormous desperate breasts
Fear of the lips before the blossoming song
Fear of the mountain before the moon
And of time within my skull before the time of the void

I traverse my desperate blood
Seeking the forbidden plateau within
Without the fear of falling from my mountains
Without the fear of the storm brewed in my eyes
Pacing on the boat within
With this skeleton stranded and tearless
Pacing pacing
Menaced by the hoards of seed
By the bottomless darkness craving to sing
The boat holds its fixed waters
It bears a vital spirit in its astrological tree
And it defies my will when my voice reaches its destiny
When I open my eyes to suit the sun

REALIDAD CRECIENTE

Con tus ojos sobre todo minuto para que no vacile
Tan excesivamente yerba y tan color
Y al mismo tiempo paseadora sobre las noches
Fundada en el aire o en los sueños
Muda por no romper su belleza en la misma puerta
Extrayendo el designio del suelo justo desconocido
Ofreciendo su lengua al huracán
Ofreciendo su lengua y su voz con largas tierras
Como rama de adioses a la muerte
Como libro salido de la noche a pasos lentos
Así en signo sumergido y en entrada a la vida
Más allá de todo sonido
Antes de toda luz como boca de muerto
Así en comienzo de otros planetas o de sus flores
En llegada a puertos maltratados
A ciudades heridas por fantasmas
A campos de vientos colindantes con la nada
En donde tú apareces como señal de agua
Clavada entre el camino y el medio del espacio
En donde eres forma de tarde oída por su marcha sin precaución
Y un brillo diminuto señalando la vida
A la raíz de los ángeles mudos de estupor
Aquí y en todas partes
Así y en alas de vapores y meridianos
Al interior del árbol
Al interior del pecho mojado por sus barcos
Al interior del sonido y de la luz
Al interior del mundo impuesto en nuestras células
A mi interior despedazado de animales nocturnos y de cantos

REALITY IN BLOOM

With your eyes in vigil over every moment
Vividness of herbs and colors
And of simultaneous journeys in the night
Formed from the air or in dreams
Your invincible beauty passes the door
Fishes its form from the alien soil
Offers its tongue to the hurricane
Offers its tongue and the vast lands of its voice
Like a wing of benedictions to death
Like a book emerging from the night
Or a sign submerged in the portal of life
More distant than any sound
Before the limitless light and the mouths of the dead
And like the beginnings of other planets or other flowers
Arriving in damaged ports
In cities wounded by ghosts
In fields of wind seeping from the void
Where you appear as a sign of water
Above the path in the center of space
You wear the robe of twilight
An ember sparkles to life
In the root of the angels of sloth
Here and everywhere
And on the wings of vapors and meridians
Inside the tree
Inside the wet breasts of its boats
Inside the sound and the light
Inside the earth engraved in our cells
In my aura ravaged by songs and creatures of the night

Mejor es que te vuelvas a tu sitio
Con tus ojos y tus manos como fondo de cisterna

Con esa parte de tu pecho que estruja nubes irresponsables
Mejor es que te vuelvas a tu episodio de corolas
De aire y sueños

It's better to return to your station
With your eyes and hands like the base of a well

With that inch of your breast squeezing irreverent clouds
It's better to return to your pageant of flowers
Of air and of dreams

ESTA CABEZA PASEANDO POR EL MUNDO

Se oía silbar a través del espíritu
En el borde de la oreja vibradora
Semejante a una dulce histérica
Que siente nacer sus fantasmagorías
Y crecer cosas adentro de la piel y sus imanes
Vibradora es la oreja a causa de las chispas
Y el ángel que nada enérgicamente
Entre las estatuas del cielo
En el ojo del cielo
Y acaso en su cabeza cruzada por el viento
Con su techo de cabellos ondulados como tejas
Su cabeza de cabeza sobre la tierra de tierra
Con sus colores y sus imágenes
Y el ojo que trepa por todas partes
Valiéndose de su resorte especial
El ojo marítimo que vuelve sudoroso y se ancla en el puerto
Como una golondrina que echa raíces
O una campanada que se convierte en árbol

THIS HEAD PASSING BY THE WORLD

You could hear a whistle in the spirit
At the edge of the ear's vibration
Like a sweet hysteria
A birth of phantasmagoria
A genesis born of the skin and its magnets
The ear vibrates to the pool of sparks
And the angel swims vigorously
Among the statues of the sky
In the eye of heaven
With her head crossed by the wind perhaps
With her ceiling of hair shimmering like bricks
With her halo's halo over the soil's soil
With its colors and its icons
And her eye scales every plateau
With the harness of its secret spring
Her sweaty marine eye anchored in port
Like a swallow growing roots
Or a bell becoming a tree

REPOSO

Este andar de los huesos
Este andar de la carne
Este escalar los siglos
Y venir de tan lejos en abuelos perdidos
Este andar entre orillas desveladas
Nos dará una fatiga de experiencias amargas
Y un ansia de renuevo
Anhelo de aventuras de la sangre
Anhelo de no ser lo mismo y buscar lo que asombra

Oh molino del tiempo
El silencio se agrega
Estoy cansado y sin estrellas
La vida como un gran árbol da sus melancolías
Y sus risas de viento en cielo nuevo

Basta de andanzas
Basta de sombras hacia el lado de la tierra
Basta de sed hacia el lado del espacio
Basta de días y de noches
Los años se abren paso en nuestro cuerpo
Y el astro tutelar nos habla cuando lo olvidamos
Oh molino del tiempo
Las edades sobresalen
¿No ves cómo los párpados se mueren
Sobre el paisaje oculto?

Esta marcha del hombre
Este andar de los siglos

REPOSE

This motion of bones
This passage of flesh
This scaling of centuries
This vast migration of lost ancestors
This expanse of the shores of revelation
It will weary us with its bitter shards
Its craving for renewal
Its wanderlust of blood
Its shedding of the familiar for the amazing

O mill of time
The silence blossoms
I am weary and starless
Life like a great tree confers its sorrows
And its laughter of wind in novel skies

Enough of journeys
Enough of shadows in the cracks of the earth
Enough of thirst in the corners of space
Enough of days enough of nights
The years open channels in our body
And the tutelary star assures us of itS presence
O mill of time
The ages blossom
See how the eyelids perish
In the hidden passage?

This march of man
This pilgrimage of centuries

Con sus huesos inquietos
Con sus nervios amargos
Y el ansia de ser presente y ser lejano
Como el calor que rompe hacia otros lados
Este andar de los siglos a través de los hombres

No tiene más remedio que una tarde dejándose caer sobre los árboles
O un sol a manos llenas
Sobre los corazones libertados
Sobre la tierra sin cadenas y cuajada de rostros renacidos
Un sol causando flores y bocas apasionadas y trigales

Oh molino del tiempo
El pájaro sin árbol conocido
Va entrando en sus canciones para nacer de nuevo
Y se deslumbra del sentido de su voz

With its restless bones
Its bitter roots
Its craving of presence and absence
Like heat crackling in new directions
This traverse of centuries traversing man

It obeys its destiny as evening falls on the trees
And a sun bears its hands of plenty
For liberated hearts
On an earth without chains or the ferment of resurrected faces
A sun breeding flowers and passionate mouths and fields of wheat

O mill of time
The itinerant bird
Enters the womb of her song
Illuminated by the spell of her voice

MÁS ALLÁ Y MÁS ACÁ

Entre las ramas de la neblina y sus umbrales de sepulcro
Entre las ramas de la noche
El collar de ojos huraños
De los búhos y los brujos de sombra ensangrentada
Ellos escuchan la oscuridad
Y el bosque se llena de joyas y sortilegios
Escuchan la oscuridad que baja sus cascadas en sordina
Sobre los campos y sobre el sueño orgulloso
De las raíces

El búho está sentado sobre el ensueño favorito
En su sillón de silencio arrepentido
Con los ojos engastados en la noche
Cuando piensa

El búho está en el ojo del leopardo
Y el leopardo en el ojo del árbol
Y el árbol está en el ojo de la soledad
Y la soledad en el ojo de la novia
Que solloza en su manto de neblinas coronadas

BEYOND AND CLOSER

Between the branches of mist the portals of the crypt
Between the branches of night
The collar of sunken eyes
Of the owls and the shamans of the bloody shadow
They hear the darkness
And the forest glistens with jewels and spells
They hear the darkness lob its muffled waterfalls
Over the fields and onto the lofty dream
Of its roots

The owl straddles the beloved dream
From his rocking chair of rueful silence
His eyes and thoughts
Cleaving the night

The owl is in the eye of the leopard
And the leopard in the eye of the tree
And the tree is in the eye of solitude
And the solitude in the eye of the bride
Sighing in its cloak of crested mists

UN RINCÓN OLVIDADO

Pañuelos y adioses para los enfermos en sanatorios de nieve. Ventajoso desierto de los reyes. En la Europa Oriental los votos de los monjes y los dínamos son afiches de plazas populosas. Los potros del circo galopan sobre los sentimientos indeseables. En magnífico estado el milagro de las situaciones especializadas, la tempestad cargada de echarpes como los inviernos en Suiza. Controlad la geografía y decidme en dónde está la muerte electrizada, en dónde está la Tierra Prometida. A través de tantos jardines de ecos la ternura acumula sus programas. La temperatura cambia sus probabilidades sobre la inmensidad azul. Panorama de flor único en el mundo y el sol reputado como los oradores de moda.

Lobos a la mejor interpretación universal perseguidos por las noches sin clemencia como los sacudimientos sísmicos de las neuróticas.

Cambio de paloma en el cielo.

Regalos para mañana y premios de matches o carreras de accidentes. Reparad la mandíbula para decir: te amo.

La mujer que tiene su cascada de perfumerías como la miserable sentada en un pequeño jardín del aeródromo, sólo son una instalación de trampas de sábana, una féerie adecuada a la felicidad como colonia en viaje sobre mares de pulpos, como recuerdos en música de neblinas.

¿Vidrieras de informaciones, qué me decís de la estación nevosa? ¿Qué me decís de la gruta del monje en donde se oye el ruido de un pájaro que picotea el huevo para salir? Y más allá se oye el mar que picotea al cielo para alejarse de nosotros.

FORGOTTEN CORNER

Hankies and farewells for the sick in sanitariums of snow.
Auspicious desert of kings. In Eastern Europe the vows of monks and firebrands on the posters of crowded squares.
Carnival stallions trample loathsome longings. In magnificent form the miracle of rarefied plateaus, the tempest of shawls like the winters of Switzerland.
Master the geography and tell me where to find the electrified death, where is the Promised Land.
Through an abundance of echoing gardens tenderness acquires its designs. The temperature shifts its probabilities of the limitless blue.
Panorama of the only flower on earth and the sun hailed as an orator of fashion.
Wolves of the elect universal meaning persecuted by unsparing nights like seismic tremors of the neurotic.
Catharsis of a dove in the sky.
Tomorrow's gifts and prizes for hard fought matches or ruined race cars. Rejuvenate the jaw to say: I love you.
The woman with her cascade of perfumes is like the miserable wretch sitting in a small garden of the airport, a wiring of snares beneath the sheets, a féerie fit for happiness like a colony travelling through octopus filled seas, like memories of music in the mists.
Glass door of data, what do you know of the snowy season? What do you know of the monk's cave where you hear a bird pecking at the egg to get out? And further still you can hear the sea pecking at the sky to desert us.

Vivamente extinguido el temblor, quedaron sobre el orbe los dos marineros de porcelana y sólo muerto el carcelero de Tierra Nueva tras los vidrios de un iceberg bajando lentamente al Ecuador.

Alluringly smothered earthquake, two porcelain sailors remained on the globe and only the jailor of the New Earth died under the glass of an iceberg slowly descending to the Equator.

DE VIDA EN VIDA

Hermoso paraíso de salud, dínamo del verano representando su descarga de música cuando el rey atraviesa el océano universal. La neblina se acomoda como una instalación de mujer oriental sin sabor a Europa ni porcelana. Hace frío, es un invierno frío como una menta.

Flor de carácter un poco triste, flor en peignoir de seda, más hermosa que el vestido de las tempestades, más deseable que el iniciador, que aquel que entibia con su corazón el invierno de tu piel blanca, tu piel todavía ignorante como un cordero de ojos de querubín.

Ya conocerás el sacudimiento sísmico de las arterias y los gemidos propulsados desde el fondo de las entrañas que se vuelan entre dos bocas mortales... el día que yo abra para ti la féerie de mi ciencia.

Todas las hélices del aeródromo de tu alma girarán locamente. Tú conocerás los secretos de mis jardines, la situación perfecta de la sombra agotada bajo la avenida de las pestañas. Los hermosos pulpos mojados nadan detrás de las lágrimas de los marineros.

Tras la vitrina de los ojos tú verás mi alma que estalla en luces desconocidas. Y verás qué pura es a pesar de lo que te digan.

El fabulista cotidiano miente por falta de imaginación.

Nada importa nada, sino este cielo nuestro bautizado por tus ojos, este cielo íntimo, pequeño entre dos palomas... colonizado por dos arrullos.

Yo te haré ver tu propio sol interno y te enseñaré a llamar por su nombre tus satélites a través del panorama de ecos azules como el paraíso de los caracoles esmaltados.

Iremos por la vida con la vida a cuestas.

ON VIGOR WITHIN

Beautiful paradise of vigor, summer's dynamo pronouncing its secretion of music when the king traverses the universal sea.

The cloud of mist furnished with an installation of oriental women, bearing neither porcelain nor the essence of Europe. It's cold, a breath of winter cold like a mint.

Gloomy flower of character, flower in its robe of silk, more beautiful than the gown of storms, more desirable than the initiator, she who warms with her heart the winter of your pale skin, your skin guileless like the cherubic eyes of a lamb.

Now you will know the seismic tremors of arteries and the moans ejected from the base of the entrails blown between two deadly mouths . . . the day that I open for you the abracadabra of my science.

All the propellers of your soul's aerodrome will spin furiously. You will learn the secrets of my gardens, the quintessential scene of the weary shadow below the avenue of eyelashes. The gorgeous moistened octopuses swim behind the tears of sailors.

Past the cabinet of eyes you will see my spirit erupting from nameless lights. And you will see how pure it is despite what they say to you.

The quotidian fabulist lies for lack of vision.

Nothing matters anymore but this, our heaven baptized by your eyes, this intimate little heaven between two doves . . . colonized by two lullabies.

I will lead you to the light of your inner sun and teach you to invoke your satellites by name through the range of blue echoes in the paradise of enameled snails.

We will journey through life with vigor between our shoulders.

Sentirás la angustia de la garganta cuando reparan el rebaño de lobos en pana.

Pero yo sabré protegerte bajo mi mirada más enardecida que una bandera. Y podrás reposarte ¡al fin a la sombra de mi canto! El milagro tiembla como una tela de sol. Y yo digo adiós. Adiós. Sultana especializada en al amor lento, lento como los adioses del sol.

¿A qué los laboratorios y las geografías de la pasión? Mi sangre conoce mucho más y nadie ha alcanzado aún la temperatura de mi mirada.

¡Ah mi alma! Eléctrica ternura, acumulador de los siglos hasta el fin del hombre. Si hubieras comprendido, jamás se habría alejado.

Si hubieras visto el color de sus alas la habrías amado y nunca habrías sido hostil ni desafiante. Es tarde ya, pues el motor en marcha tiene el ritmo de la tormenta.

Yo soy el capitán de navío que busca una isla perdida como la muerte.

Anguish will fill your throat when they repair the herd of velveteen wolves.

But I will protect you under my watchful gaze blazing brighter than a flag. And you will rest at last in the shade of my song!

The miracle trembles like a cloth of sun. And I say goodbye. Adiós to the sultana's suite of slow love, as slow as the farewells of the sun.

To what laboratories and geographies of passion? My blood knows volumes more and my gaze alights on forbidden plateaus.

O my spirit! Electric tenderness, residue of the ages gestating the apocalypse. If you had understood, you never would have left.

If you had seen the color of its wings, you would have cherished it, you would have loved it. But it's late now, and the motor hums the rhythm of the storm.

I'm the captain of the ship seeking an island as invisible as death.

MÁS ALLÁ

Aullido a la noche de todos los sepulcros como semillas que abren las ventanas de su dolor.

El aerolito ilumina la montaña al fondo del tiempo, pero no hay cataclismos de lo obscuro ni volcanes de voz de trecho en trecho.

Un convoy de horizontes se lleva la vida, se aleja con la vida cubierta de árboles y de gestos ingenuos.

No pasará el vagabundo hipnotizado por la muerte sobre el camino abstracto, ni se abrirán las puertas del naufragio. ¡Tanto miraje para engañar incautos y atar el crepúsculo con el amanecer!

Tú me amas y éste es un hecho real como el galope de culebras que siento en mis espaldas cuando tú me miras. Lo demás son graznidos recónditos, aullidos del abismo negro que detesta el sol y corrompe los días que se caen en él.

Un silencio se agranda hasta tocar el cielo cuando me rozan tus manos y entonces empieza el camino que se aleja.

Cúbrete entre tus pieles y esconde la cabeza al salir fuera del tiempo.

BEYOND

Howling the night of every coffin like seeds opening the windows of their pain.

The meteorite illuminates the mountain at the end of time, but coming at intervals there are neither black cataclysms nor volcanic voices. A caravan of horizons comes alive and sets out covered in trees for a life of gullible gestures.

The vagabond swooning death will not traverse the incorporeal path, nor will the doors of the shipwreck open. Surfeit of smoke and mirrors to hypnotize the heedless! To lash the twilight to the dawn!

You love me and this is scientific fact like the gallop of snakes on my back when you look at me. Mystic croaking of the others, howling of the black abyss cursing the sun, corroding the days it devours.

A silence blossoms in the sky, your hands touch mine and the journey begins.

Put on your robe of skins and shroud your head to transcend time.

ALTURA PROPIA

Sobre mi cabeza sobre mis sueños
Sobre mi pecho de opacas tempestades
Pasan los rostros de estallidos sangrientos
Pasan los muertos sucesivos con sus ojos inmensos

Más alto que las piedras de párpados dormidos
Más alto que las selvas en la región del grito
Más alto que la montaña que mira su río pródigo alejarse inconsciente

Más alto que el cielo acurrucado bajo sus alas
Pasa el olvido con su mar de fondo
Sobre mi puerta sumergida
Sobre la punta de mis manos
Más alto que la montaña que contempla las olas como nietos jugando

Más alto que el origen de cada astro
Vive tu tibio andar y tu gracia de sombra adolescente
Tu lenguaje inclinado en los recuerdos

PROPER HEIGHT

On my head on my dreams
On my chest of mystic torrents
Faces pass by bloodied by explosions
Sequences of death pass with immense eyes

Higher than the slumbering boulders of eyelids
Higher than the locus of the jungle's scream
Higher than the mountain witnessing the baroque river go unconscious

Higher than the sky crouched in its wings
On the sea's reflection oblivion transpires
On my subterranean door
On the tips of my hands
Higher than the mountain pondering the swells of festive grandchildren

Higher than the origin of every star
Your warmth in motion and the grace of your adolescent shade
Slope of your words in the reaches of memory

EXTERIOR

Árboles cerrados a toda aventura
Árboles cerrados a la lámpara triste
Los faros de piel viva sobre las rosas del adiós
La imagen guardada para un viaje
Alma mía es la leyenda de los años
Que detesta la casa estable y el astro de hierro frío

Otros buscan un rey leproso que adorar
Una gloria de cúpulas el mármol de una noche larga
Vagar sobre truenos de aire sucio
Ninguno declina sus resortes
Y saluda el mundo y sus montañas

He creado carne y llanto
He creado luz y abismo
Me he sentado a cantar
Sobre la cumbre mojada de ternuras y violencias
En donde empieza el aire de la eternidad

Ningún aliento hace subir el día
Ninguna mano hace saltar la noche
Los astros de los grandes adivinos
Apenas pueden secar el canto de las aguas
Se va la voluntad hacia la muerte
Se van los dioses a la cifra exacta
Por el camino de los monstruos
Se van los ruidos de la muerte
Por el camino de las hojas
Se van los ojos de la muerte

EXTERNAL

Trees walled off from the adventure
Trees quarantined from the crestfallen lamp
The lighthouses of living skin in yesterday's roses
The icon of the pilgrim's journey
My spirit is a legend of the ages
It scorns the stable house and the star's cold iron

Others seek to crown a leper king
A glory of the domes of marble in the night of time
Thunder of the labyrinth of lascivious clouds
No one escapes their lures
Every tongue will hail the earth and its mountains

I have created flesh and tears
I have created light and the abyss
I have sung the harmonies
At the wet crest of tenderness and violence
Where the air of the eternal begins

No breath makes the day go forth
No hand turns the wheel of night
The stars of the great sages
Bleed the song of the waters dry
The will moves closer to death
The gods exact their toll
In the avenues of leviathans
The sounds of death fade
From the paths of the leaves
The eyes of death close

Por el camino de la tarde
Se va la muerte de la impaciencia
Y un ruido de esqueletos gira al fondo del río

On the evening's passage
The long wait comes to an end
And a noise of skeletons clatters at the bottom of the river

IRREPARABLE, NADA ES IRREPARABLE

La muerte que no admite que la sigan, la inauguración de la tormenta, la primera sonrisa del viento, todo lo que angustia como la eternidad, todo lo que se rompe en el infinito, la frase huyamos juntos colgando del abismo y rompiendo los puentes tras de sí.

Eso es todo, eso es todo.

Y luego una mirada partida en dos y un hombre entre la vida y la muerte, porque nadie comprende, deja caer el tiempo por sus largos cabellos, sus cabellos tejidos de melancolía y de recuerdos.

Sus ojos hermosos amargos como el espacio dicen: Nada me importa, nada deseo, todo lo he visto, todo lo he vivido.

Horror.

Viejos astros de las admiraciones, plantas de los encantos que salían de su boca y perfumaban los destinos, espirales de vértigo de sus besos pesados de naufragios . . . y gritar de repente desde la última cumbre: ADIÓS.

Y entonces alejarse envuelto en una capa de huracanes. Huir del pensamiento, dejar atrás la agitación limitada de los hombres y esconderse en la guarida de los pájaros del silencio, allí donde sólo reinan los mil reflejos de la soledad.

Huir de sí mismo y de las trampas que nos tienden nuestras propias alas, saltar al vacío del más avanzado promontorio de las quimeras.

Huir. Desenredarse de sus arterias y huir de sí mismo, huir de sus huesos.

En el postrer aliento queda una palabra por nacer enterrada ya en sus ilusiones, dejando apenas una estela de suspiros, y en la última lágrima hay un ángel que se ahoga sin ni siquiera pedir socorro.

No he sido avaro de mi vida, ni fui avaro de mis naves de

IRREPARABLE, NOTHING IS IRREPARABLE

    The death that disavows what follows it, the inauguration of the storm, the first smile of the wind, every age of anguish, everything that fractures in the infinite, the phrase we flee together hanging from the abyss, breaking every bridge we pass.
    That is all, that is all.
    Then he looks away, and because no one understands, a man between life and death lets the weight of time slip from his long hair, his hair woven from memories and melancholy.
    His beautiful eyes as bitter as space speak: Nothing matters anymore, I desire nothing, I have seen everything, I have lived everything.
    Terror.
    Lofty stars of the ancients, plants of the incantations that issued from his mouth perfuming the destinies, the spirals of vertigo in his heavy kisses of ruin . . . and his sudden scream from the final summit: FAREWELL.
    Then setting out wrapped in the cloak of a hurricane. Fleeing thought itself, abandoning the feeble agitation of humankind, dwelling in the stronghold of the birds of silence, where the sole rulers are a thousand reflections of solitude.
    Fleeing your body and the snares our own wings weave, leaping into the void from the highest precipice of chimeras.
    Fleeing. Wriggling yourself out of your arteries and fleeing your being, fleeing your bones.
    In the dying breath waits a word's birth buried already in its illusions, leaving wisps of a trail of sighs, and in the final tear an angel drowns without a cry for help.
    I haven't led a miserly life, nor have I been covetous of my ships of light. I've neither wagered the discharges of my heart

lumbres. No he regateado las descargas de mi corazón, ni la electricidad de mis pupilas.

Comprendido habría sido muy otro. Pero no pudo ser, acaso no debió ser.

Mi avión aterrizó siempre sobre los arrecifes donde aguardaban las manos temblorosas tendidas a la angustia y puedo decir, magnífico de orgullo, que muchas veces bajé cargado de ilusiones de Pascua y vacié mis sacos de luz en las faldas de los niños encanecidos de desaliento.

Ahora soy un fantasma de invierno parado en la puerta de los siglos y puedo volverme y gritar antes de pasar el umbral: Ninguno de vosotros ha tenido una vida más bella, ni un cielo más hinchado de estrellas, ni tantas auroras de entusiasmo vertidas por los dioses. Ningún labio conoció más palabras divinas de fiebre, ningún oído escuchó tales temblores de delirio.

Ahora soy un fantasma de nieve, un sembrador de escarcha. Pero volveré trayendo en la frente el sudor de las nubes. Prosternaos vosotros los que no habéis pisado jamás el horizonte.

Ahora soy el fantasma que huye vestido de grandeza y de dolor.

¿Pero mañana?

El mañana es mío. Será mío otra vez como el destino inapelable de la luz, como el terciopelo de los besos que miden la eternidad.

Y un día habrá un pañuelo entre dos estrellas y será el adiós definitivo.

Entonces dirán: Llevaba en sus ojos la piedra filosofal, y muchos viajeros reconocerán otra vez las huellas pesadas bajo el fardo de los tesoros astrales.

Y volverá a dar vueltas el anillo del caos . . . Cumple, cumple tus destinos y los impulsos de las leyes de atracción. Sigue la voluntad celeste y deja alejarse las mariposas y los barcos como los canastos de luz hacia los faros del desastre.

nor the electric pulses of my pupils.

If I had understood, it would have been very different, if it could have been, or perhaps should have been.

My plane always came to rest on reefs where anguished, trembling hands were waiting, and I recall with prodigious pride the many times my arms were full of Easter illusions and my sacks of light were emptied on the gray laps of dejected children.

Now I am a ghost of winter standing at the door of the ages, and I avail these words before passing the threshold: None of you have had a more beautiful life, a sky more swollen with stars, or more miraculous auroras poured out by the gods. No lip has known more words of divine fire, no ear has heard such shivers of madness.

Now I am a ghost of snow, a sower of frost. But I will return with the sweat of the clouds on my brow. Prostrate yourselves, you who have never set foot on the horizon.

Now I am a fleeing ghost adorned in grandeur and pain.

But tomorrow?

Tomorrow is mine. It will be mine again like the ineluctable destiny of light, like velvet kisses weighing the eternal.

And one day a scarf will flutter between two stars and it will be the definitive farewell.

Then they will say: The philosopher's stone burned in his eyes, and many pilgrims will witness anew the heavy fingerprints on the bundle of astral treasures.

And the ring of chaos will spin once more . . . Fulfill, fulfill your destinies and the impulses of the laws of attraction. Follow the celestial will, let loose the ships and butterflies like baskets of light en route to lighthouses of disaster.

NON SERVIAM

Y he aquí una buena mañana después de una noche de preciosos sueños y delicadas pesadillas, el poeta se levanta y grita a la madre Natura: *Non serviam*.

Con toda la fuerza de sus pulmones, un eco traductor y optimista repite en las lejanías: 'No te serviré'.

La madre Natura iba ya a fulminar al joven poeta rebelde, cuando éste, quitándose el sombrero y haciendo un gracioso gesto, exclamó: 'Eres una viejecita encantadora'.

Ese *non serviam* quedó grabado en una mañana de la historia del mundo. No era un grito caprichoso, no era un acto de rebeldía superficial. Era el resultado de toda una evolución, la suma de múltiples experiencias.

El poeta, en plena conciencia de su pasado y de su futuro, lanzaba al mundo la declaración de su independencia frente a la naturaleza.

Ya no quiere servirla más en calidad de esclavo.

El poeta dice a sus hermanos: 'Hasta ahora no hemos hecho otra cosa que imitar el mundo en sus aspectos, no hemos creado nada. ¿Qué ha salido de nosotros que no estuviera antes parado ante nosotros, rodeando nuestros ojos, desafiando nuestros pies o nuestras manos?

'Hemos cantado a la naturaleza (cosa que a ella bien poco le importa). Nunca hemos creado realidades propias, como ella lo hace o lo hizo en tiempos pasados, cuando era joven y llena de impulsos creadores.

'Hemos aceptado, sin mayor reflexión, el hecho de que no puede haber otras realidades que las que nos rodean, y no hemos pensado que nosotros también podemos crear realidades en un mundo nuestro, en un mundo que espera su fauna y su flora propias. Flora y fauna que sólo el poeta pueda crear, por ese don especial que le dio la misma madre Naturaleza a él, únicamente a él'.

NON SERVIAM

Lo and behold, one fine morning after a night of dazzling dreams and delicate nightmares, the poet awakens and cries at mother Nature: *Non serviam*.

With all the strength of their lungs, a hopeful and reciprocating echo repeats in the distance: 'I will not serve you.'

Mother Nature was about to smite the young rebel, when the poet, removing their hat and making a silly gesture, exclaimed: 'You are a charming old dame.'

That *non serviam* was stamped in the history of the world one morning. It was neither a frivolous scream nor an act of juvenile rebellion. It was the end result of a long-standing evolution, the sum of many experiences.

The poet, with full awareness of their past and future, launched into the world their declaration of independence from nature.

They no longer desire to serve her as a slave.

The poet says to their kin: 'Thus far we have done nothing but imitate the world in her aspects, we have created nothing. What have we produced that has not preceded us, encircling our eyes, defying our feet or our hands?

'We have sung to nature (which matters little to her). We have never created our own realities, as she does or has done in the past, when she was young and full of creative impulses.

'We have accepted, without further reflection, the fact that there can be no other realities but those surrounding us, and we haven't realized that we too can create realities in a world that is ours, a world that awaits its own fauna and flora. Flora and fauna which only the poet can create, for that special gift was given to the poet by mother Nature herself, and only to the poet.'

Non serviam. No he de ser tu esclavo, madre Natura; seré tu amo. Te servirás de mí; está bien. No quiero y no puedo evitarlo; pero yo también me serviré de ti. Yo tendré mis árboles que no serán como los tuyos, tendré mis montañas, tendré mis ríos y mis mares, tendré mi cielo y mis estrellas.

Y ya no podrás decirme: 'Ese árbol está mal, no me gusta ese cielo . . . , los míos son mejores'.

Yo te responderé que mis cielos y mis árboles son los míos y no los tuyos y que no tienen por qué parecerse. Ya no podrás aplastar a nadie con tus pretensiones exageradas de vieja chocha y regalona. Ya nos escapamos de tu trampa.

Adiós, viejecita encantadora; adiós, madre y madrastra, no reniego ni te maldigo por los años de esclavitud a tu servicio. Ellos fueron la más preciosa enseñanza. Lo único que deseo es no olvidar nunca tus lecciones, pero ya tengo edad para andar solo por estos mundos. Por los tuyos y por los míos.

Una nueva era comienza. Al abrir sus puertas de jaspe, hinco mi rodilla en tierra y te saludo muy respetuosamente.

Non serviam. I will not be your slave, mother Nature; I will be your master. You will use me; this is good. I neither desire nor am able to avoid it; but I too will use you. I will have my trees that are a different breed than yours, I will have my mountains, I will have my rivers and my seas, I will have my sky and my stars.

And you can no longer say to me: 'That tree is no good, I don't like that sky . . . , mine are superior.'

I will reply that my skies and my trees are mine and not yours and they don't need to be similar. You can no longer bully anyone with your exaggerated pretensions of a spoiled old crone. We have already escaped your trap.

Farewell, old dame; farewell, mother and stepmother; I will neither renounce nor curse you for the years I was a slave at your beck and call. They were the most precious teachings. My only desire is to never forget your lessons, but now I am old enough to walk these worlds on my own. Your worlds and my worlds.

A new era dawns. As its doors of jasper open, I kneel to the earth and greet you with my homage.

EL CREACIONISMO

El creacionismo no es una escuela que yo haya querido imponer; el creacionismo es una teoría estética general que comencé a elaborar hacia 1912 y cuyos primeros tanteos y primeros pasos podrán encontrarse en mis libros y artículos mucho antes de mi primer viaje a París.

En el número 5 de la revista chilena *Musa Joven*, escribí:

"El reinado de la literatura ha terminado. El siglo veinte verá nacer el reino de la poesía en el verdadero sentido de la palabra, o sea de creación, como la llamaron los griegos, aunque ellos no llegaron jamás a realizar su definición."

Más tarde, hacia 1913 o 1914, repetí más o menos lo mismo en una entrevista aparecida en la revista *Ideales* que encabezó mis poemas. También en mi libro *Pasando y pasando*, aparecido en diciembre de 1913, decía, en la página 270, que lo único que debía interesar a los poetas es "el acto de creación", y a cada instante me refería a este acto de creación, contra los comentarios y contra la poesía hecha *alrededor de*. La cosa creada contra la cosa cantada.

En mi poema "Adán", que yo escribí durante las vacaciones de 1914 y que fue publicado en 1916, se podrán encontrar estas frases de Emerson en el prefacio a propósito de la constitución del poema:

"Un pensamiento tan vivo que, semejante al espíritu de una planta o de un animal, tiene una arquitectura propia, embellece la naturaleza con una cosa nueva".

Pero donde la teoría fue plenamente expuesta fue en el Ateneo

CREATIONISM

Creationism is not a school that I wanted to impose on anyone; Creationism is a general aesthetic theory that I began to articulate around 1912 and whose first scores and steps can be found in my books and articles long before my first trip to Paris.

In Issue 5 of the Chilean journal *Musa Joven*, I wrote:

"The reign of literature has ended. The twentieth century will witness the birth of the kingdom of poetry in the true sense of the word, that is, of creation, as the Greeks called it, although they never arrived at a definition."

Later, around 1913 or 1914, I said more or less the same thing in an interview that prefaced my poems in the journal *Ideales*. Also in my book *Pasando y pasando*, which appeared in 1913, I said, on page 270, that the only thing poets should concern themselves with is "the act of creation," and in every instance I was referring to this act of creation in defiance of the commentary and poetry making *the rounds*. The thing created against the thing sung.

In my poem "Adam," which I wrote while on vacation in 1914 and which was published in 1916, you will find these phrases by Emerson regarding the constitution of the poem:

"A thought so alive that, like the spirit of a plant or an animal, it has its own architecture, and embellishes nature with a new creation."

But it was in June of 1916 in a lecture I gave at the Ateneo in Buenos Aires where the theory was fully expounded. It was there

de Buenos Aires, en una conferencia que dicté en junio de 1916. Allí fue donde me bautizaron con el nombre de "creacionista" por haber dicho en mi conferencia que la primera condición del poeta era crear, la segunda crear y la tercera crear.

Recuerdo que el profesor argentino José Ingenieros, que asistió, me decía, en una comida a la que me invitó con algunos amigos después de la conferencia:

"Su sueño de una poesía inventada en todas sus piezas por los poetas me parece irrealizable, aunque usted la haya expuesto de una manera tan clara y aun científica".

Corresponde más o menos a lo que han expresado otros filósofos en Alemania y demás países en donde he explicado mi teoría: "Es bello, pero irrealizable".

¿Y por qué ha de ser irrealizable?

Respondo aquí con las mismas palabras con que terminé mi conferencia en el grupo de Estudios Filosóficos y Científicos del doctor Allendy, en París, en enero de 1922:

"Si el hombre ha sometido los tres reinos de la naturaleza, el mineral, el vegetal y el animal, ¿por qué razón le sería imposible agregar a los reinos del mundo, su propio reino, el reino de sus creaciones?".

Ya ha inventado, por lo demás, toda una fauna nueva que anda, vuela, nada, que llena la tierra, los aires y los mares con sus galopes desenfrenados, sus gritos y gemidos.

Lo que ha sido realizado en la mecánica también lo ha sido en la poesía. Os diré lo que entiendo por poema creado. Es un poema en el que cada parte constitutiva y todo el conjunto presentan un hecho nuevo, independiente del mundo externo, desligado de toda

that I was baptized as a "Creationist" for having said that the poet's first condition is to create, the second to create, and the third to create.

I remember what one of the attendees, Argentine professor José Ingenieros, told me, at a dinner he invited me and some friends to after the lecture:

"Your dream of a poetry invented in every aspect by poets seems to me unrealizable, even if you have elaborated it in such a clear and even scientific fashion."

This corresponds more or less to what other philosophers have said in Germany and in other countries where I have expounded my theory: "It's beautiful, but unrealizable."

And why should it be unrealizable?

I reply here with the same words with which I concluded my lecture in Paris for the group of Philosophic and Scientific Studies led by Dr. Allendy, in January of 1922:

"If man has subjugated the three kingdoms of nature, the mineral, the vegetable and the animal, why would it be impossible for him to add to the kingdoms of the world his own kingdom, the kingdom of his creations?"

He has already fashioned a new fauna that walks, flies, swims, that fills the earth, the air and the seas with its frenzied steps, its shrieks and groans.

What has been achieved in the mechanical realm has been realized also in poetry. I will tell you what I mean by the created poem. It is a poem in which every constituent part acts together with the whole to utter a new fact, independent of the external world, detached from any reality but itself, because it stakes its

otra realidad que él mismo, pues toma lugar en el mundo como un fenómeno particular aparte y diferente de los otros fenómenos.

Este poema es algo que no puede existir en otra parte que en la cabeza del poeta; no es bello porque recuerde algo, no es bello porque evoque cosas que se han visto y que eran bellas, ni porque describa cosas bellas que tenemos la posibilidad de ver. Es bello en sí y no admite términos de comparación. No puede concebirse en otra parte que en el libro.

No tiene nada semejante a él en el mundo externo, hace real lo que no existe, es decir, se hace él mismo realidad. Crea lo maravilloso y le confiere una vida propia. Crea situaciones extraordinarias que nunca podrán existir en la realidad, y, a causa de esto, ellas deben existir en el poema, a fin de que existan en alguna parte.

Cuando yo escribo: "El pájaro anidado en el arcoíris", os presento un fenómeno nuevo, una cosa que nunca habéis visto, que no veréis jamás y que, sin embargo, os gustaría ver.

Un poeta debe decir esas cosas que sin él jamás serían dichas.

Los poemas creados adquieren proporciones cosmogónicas; os proporcionan a cada momento el verdadero sublime, ese sublime del que los textos nos han presentado ejemplos tan poco convincentes. Y no es el sublime sin pretensión, sin terror, sin querer abrumar o aplastar al lector; es un sublime de bolsillo.

El poema creacionista se compone de imágenes creadas, de conceptos creados; no escatima ningún elemento de la poesía tradicional, sólo que, aquí, esos elementos son todos inventados sin ninguna preocupación por lo real o por la verdad anterior al acto de realización.

Así, cuando yo escribo: "El océano se deshace / Agitado por el viento de los pescadores que silban," presento una descripción creada; cuando digo: "Los lingotes de la tempestad," presento una imagen pura creada, y cuando digo: "Ella era tan bella que no

place in the world as a singular phenomenon separate and distinct from other phenomena.

This poem is something which cannot exist anywhere but in the head of the poet; it isn't beautiful because it resembles something, or because it evokes beautiful things we have seen, or because it describes beautiful things we have yet to see. It is beautiful in itself and doesn't admit terms of comparison. It cannot be conceived anywhere but in the book.

Nothing resembles it in the external world; it makes real that which does not exist, which is to say, it renders itself real. It creates the marvelous, imbuing it with a life of its own. It creates uncanny conditions which could never exist in reality, and on account of this, they must exist in the poem, if they are to exist anywhere.

When I write: "The bird nested in the rainbow," I present to you a new phenomenon, something you have never seen, something you will never see but that you would very much like to see.

A poet must utter those things which without them would never be said.

Created poems acquire cosmogonic proportions; in every instance they furnish you with the true sublime, the sublime of which other texts have offered such unconvincing examples. And if it stakes no claim, if it lacks terror or the desire to overwhelm or crush the reader, it's not the sublime but rather a purse of the sublime.

The creationist poem is comprised of created images, of created concepts; it utilizes every element of traditional poetry, but here, these elements are employed without any regard for the real, or for the truth preceding the act of creation.

Thus, when I write: "The ocean falls apart / Flustered by the wind of the fishermen's whistle," I present a created description;

podía hablar," o bien: "La noche con sombrero," os presento un concepto creado.

*

No hay poema si no hay lo inhabitual. Desde el momento en que un poema se convierte en una cosa habitual, no emociona, no maravilla ni desazona, y deja por tanto de ser poema, pues el desazonar, maravillar y conmover nuestras raíces es lo propio de la poesía.

La vida de un poema depende de la duración de su carga eléctrica. Me pregunto si los habrá eternos.

Es evidente que todo aquello que nos es habitual no nos emociona. Un poema debe ser algo inhabitual, pero hecho con elementos que manejamos constantemente, con cosas que estén cerca de nuestro pecho, pues si el poema inhabitual está compuesto de elementos también inhabituales, nos asombrará en lugar de conmovernos.

Lo que asombra no transporta, no levanta el espíritu hasta las alturas del vértigo consciente.

Hay que ser un verdadero poeta para poder dar a las cosas cercanas a nosotros la carga suficiente capaz de maravillarnos; hay que ser poeta para enhebrar las palabras de todos los días en un filamento Osram incandescente y que esta luminosidad interna caliente el alma en las altitudes adonde nos precipita.

El poeta es un motor de alta frecuencia espiritual, él es el que hace vivir lo que no tiene vida; cada palabra, cada frase, toma en su garganta una vida propia y nueva y va a anidarse palpitante de calor en el alma del lector.

El poeta consiste en tener tal dosis de humanidad especial que confiera a todo lo que pasa a través de su organismo una electricidad atómica profunda, un calor jamás dado por otros a esas

when I say: "The ingots of the storm," I present a purely created image, and when I say: "She was so beautiful she couldn't speak," or: "The hat-shaped night," I present to you a created concept.

*

There is no poetry where there is nothing extraordinary. From the moment a poem becomes a routine thing, it fails to excite, to astonish, to disturb, and it thus ceases to be a poem, for disquietude, wonder, and deep resonance are the lifeblood of poetry.

The life of a poem depends on the duration of its electric charge. I wonder if it's length will be eternal.

It's evident that everything which appears ordinary to us fails to move us. A poem must be something extraordinary but also comprised of everyday elements, of things close to our chest, for if the extraordinary poem is made up of extraordinary elements, it will startle rather than stir us.

What startles us fails to move us, fails to lift our spirit to the heights of conscious vertigo.

One must be a true poet to be able to imbue those things close to us with a charge capable of astonishing us; one must be a poet to thread everyday words through an incandescent Osram filament whose luminous core warms our spirit in the heights it speeds us off to.

A motor of high spiritual frequency, the poet is they who give life to what has no life; every word, every phrase takes in its throat a new life of its own and throbs its warm pulse in the reader's spirit.

The poet consists in possessing such a dose of rarefied humanity that they confer on everything which passes through their organism a deep atomic electricity, a heat never bestowed by

mismas palabras, un calor que hace que las palabras cambien de dimensión y de color.

*

... He aquí cómo expliqué mi título *Horizon Carré* (Horizonte Cuadrado) en una carta que escribí al crítico y amigo Tomás Chazal, cuando publiqué el libro: "Horizonte cuadrado. Un hecho nuevo inventado por mí, creado por mí, que no podría existir sin mí. Quiero, mi querido amigo, resumir en este título toda mi estética, que usted conoce desde hace algún tiempo".

Ese título explica toda la base de mi teoría poética. Ha condensado en él la esencia de mis principios.

1º Humanizar las cosas. Todo lo que pasa a través del organismo del poeta debe tomar la mayor cantidad de calor posible. Aquí, una cosa vasta, enorme como el horizonte, se humaniza, se hace íntima, filial, gracias al adjetivo "cuadrado". El infinito entra en el nido de nuestro corazón.

2º Lo vago se hace preciso. Cerrando las ventanas de nuestra alma, lo que podía escapar y hacerse gaseoso queda encerrado y se solidifica.

3º Lo abstracto se hace concreto y lo concreto abstracto. Es decir, el perfecto equilibrio; porque si lo abstracto es demasiado estirado hacia lo abstracto, se deshará en nuestras manos o se filtrará entre los dedos. Si hacemos lo concreto más concreto aún, ello podrá servir tal vez para beber vino o amoblar nuestro salón, pero en ningún caso para amoblar nuestra alma.

4º Lo que es demasiado poético como para ser creado se convierte en una creación si cambiamos su valor usual; porque si el horizonte era poético en sí, si el horizonte ya era poesía en la realidad, con el calificativo "cuadrado" se hace poesía en el arte. De poesía muerta pasa a ser poesía viva.

others on those same words, a heat that transforms the words in shape and size.

*

... Here is how I explained my title *Horizon Carré* (Square Horizon) in a letter I wrote to my friend, the critic Tomás Chazal, when I published the book: "Square horizon. A new fact invented by me, created by me, that could not exist without me. My desire, my dear friend, is to summarize in this title all of my aesthetics, which you have known for some time."

That title explains the entire basis of my poetic theory. Condensed within it is the essence of my principles.

1º Humanize things. Everything that passes through the organism of the poet must accrue as much of its heat as possible. Here, something vast, as enormous as the horizon, becomes humanized, becomes intimate, filial, by virtue of the adjective "square." The infinite inhabits the nest of our heart.

2º The vague becomes precise. Shuttering the windows of our soul, what could seep out as gas is sealed up and solidifies.

3º The abstract becomes concrete and the concrete abstract. Which is to say, the perfect equilibrium, for if the abstract is stretched to its extreme, it will fall apart in our hands and slip through our fingers. The concrete made yet more concrete may serve for drinking wine or furnishing our parlor, but it can never furnish our soul.

4º That which is too poetic to be created becomes a creation if we change its ordinary value; for if the horizon is already poetic in itself, if it is already poetry in reality, with the qualifier "square" it becomes poetry in art. From dead poetry living poetry comes into being.

Las pocas palabras explicativas sobre mi concepción de la poesía, que aparecen en la primera página del libro de que hablamos, os dirán lo que yo quería hacer en esos poemas. Yo decía:

"Crear un poema tomando de la vida sus motivos y transformándolos para conferirles una vida nueva e independiente".
"Nada de anecdótico ni descriptivo. La emoción debe nacer sólo de la virtud creadora".
"Hacer un poema como la naturaleza hace un árbol".

Esa era, exactamente, en el fondo, mi concepción de antes de mi llegada a París, ese acto de creación pura que encontraréis en todas partes a través de mi obra desde 1912. Sigue siendo mi actual concepción de la poesía. El poema creado en todas sus piezas, como un objeto nuevo.

Vuelvo a repetir aquí este axioma, que presenté en mi conferencia en el Ateneo de Madrid en 1921 y últimamente en París en mi conferencia en La Sorbona, como resumen de mis principios estéticos: "El arte es una cosa y la naturaleza es otra; amo mucho la naturaleza. Si aceptáis las representaciones que un hombre hace de la naturaleza, eso prueba que no amáis la naturaleza ni el arte".

En dos palabras, y para terminar: los creacionistas han sido los primeros poetas que han aportado al arte el poema inventado en todas sus piezas por su autor.

He aquí, en estas páginas sobre el creacionismo, mi testamento poético. Lo lego a los poetas de mañana, a esos que serán los primeros de esta nueva especie animal, el poeta, de esta nueva especie que va a nacer creo que pronto. Hay signos en el cielo.

Los cuasi poetas de hoy son muy interesantes, pero su interés no me interesa.

El viento vuelve mi flauta hacia el porvenir.

These brief explanatory words on my conception of poetry, which appear on the first page of the aforementioned book, will tell you what I was aiming for in those poems. I said:

"Create a poem by drawing its motifs from life and transforming them to endow them with new and independent life."

"Nothing anecdotal or descriptive. Emotion must arise solely from creative virtue."

"Make a poem like nature makes a tree."

That was exactly, at its core, what my conception of poetry was before my arrival in Paris, that act of pure creation which you will find pervading all my work since 1912. It remains my conception of poetry today. The poem created, in every aspect, as a novel object.

I repeat here this axiom, which I presented in my lecture at the Ateneo in Madrid in 1921, and later in Paris in my lecture at The Sorbonne, and which summarizes my aesthetic principles: "Art is one thing and nature is another; I love nature immensely. If you accept the representations that a man makes of nature, it proves you love neither nature nor art."

In two words, and to conclude: the creationists have been the first poets to contribute to the art the poem invented in every aspect by its author.

Here in these pages on Creationism lies my poetic testament. I leave it for the poets of tomorrow, to those who will be the first of this new animal species, the poet of this new species who I believe will soon be born. There are signs in the heavens.

The pseudo poets of today are very interesting, but their allure does not enthrall me.

The wind pivots my flute to the future.

ACKNOWLEDGMENTS

The Adirondack Review: "Domain," "Reality In Bloom"

The Carolina Quarterly: "Transfiguration"

The Chattahoochee Review: "Impossible"

Eclectica Magazine: "Celebrity Ocean"

Ghost Town: "Heart Mouth," "It's A Proverb," "Proper Height," "Song Of The Egg And The Infinite," "The Root Of The Voice"

The Iowa Review: "Hand of the Moment"

Juked: "This Head Passing By The World"

Nashville Review: "External," "Let It Come"

Phantom Drift: "Comaruru"

Puerto del Sol: "Deactivated In Synthesis," "Nautical Air"

Two Cities Review: "Spontaneous Generation"

Vestiges: "Beyond," "Forgotten Corner," "Irreparable, Nothing Is Irreparable," "On Vigor Within," "Vagabond"

Vinyl: "Higher Calling"

Western Humanities Review: "Now That My Eyes Fly On Other Planets"

*

Special thanks to Cedomil Goic and ALLCA XX, whose *Obra poética* (2003) was an invaluable companion in the translation process. —JS

El Creacionismo is typeset in Ibarra Real Nova, a recovery of the type designed by Geronimo Gil and printed by Joaquín Ibarra for the "Real Academia de la Lengua" in 1790.